Margaret Capel

Un roman (Volume 2)

Ellen Wallace

Writat

Cette édition parue en 2024

ISBN : 9789359941981

Publié par
Writat
email : info@writat.com

Contenu

CHAPITRE I.

Où que nous regardions, au-dessus, autour, en-dessous,
quelles teintes d'arc-en-ciel, quels charmes magiques se trouvent ! Rocher,
rivière, forêt, montagne, tout abondent ; et les cieux les plus bleus qui
harmonisent le tout.
Au-dessous, le bruit impétueux du torrent lointain, Indique où roule la
cataracte volumineuse, Entre ces rochers suspendus qui choquent mais
plaisent à l'âme.
BYRON.

Il y a une partie de la côte dans l'un des comtés méridionaux de l'Angleterre
qui, sans aspirer à la sublimité d'un paysage étranger, possède une certaine
grandeur par la brusquerie et la variété de ses contours. De hautes falaises
s'avancent hardiment dans la mer, tandis que la rive intermédiaire s'élève et
s'abaisse selon des ondulations douces et incertaines. Sur de nombreux
kilomètres à l'intérieur des terres, ce caractère irrégulier de la surface persiste.
Le sol s'élève et s'abaisse si brusquement, qu'en de nombreux endroits les
arbres qui couvrent le sommet des collines cachent presque le ciel au
spectateur de la vallée ; tandis que de nombreuses roches colorées varient par
leurs formes sauvages et leurs riches teintes, la ligne uniforme de verdure qui
s'étend sur les côtés escarpés de ces ravins.

Cette partie du pays est riche de scènes d'une beauté particulière. Les
ruisseaux coulent à l'ombre des fourrés profonds, ou scintillent dans les
cellules pierreuses envahies par les lianes, au pied d'un amas confus de
rochers brisés.

Collines et vallées se succèdent rapidement — chaque tournant du chemin
mène à de nouveaux aspects de la perspective. Désormais, la vue du voyageur
est limitée par de hautes berges envahies par les arbres et les broussailles
enchevêtrées ; maintenant le sol s'écarte en une pente si graduelle, qu'on
aperçoit au loin la mer, tremblante au soleil, ou se brisant en écume grossière
sur la longue ligne brune de la plage.

A mi-chemin entre l'un de ces promontoires audacieux et le rivage, se dressait
une belle chaumière, avec une colline densément boisée à l'arrière et un
terrain de jardin très cultivé devant : tandis que le côté de la maison était si
près du bord d'une descente soudaine dans la falaise, que rien d'autre qu'une
large promenade en terrasse n'intervenait entre les fenêtres du jardin, et de la
pente abrupte qui était balayée par les vagues lorsque la marée était plus haute
que d'habitude.

Ce fut une soirée brillante. Le soleil était presque descendu jusqu'à l'horizon, et un long chemin de lumière dorée tombait sur la mer calme et sur le sable mouillé d'où les vagues venaient de s'éloigner.

Un faible rayonnement semblait remplir l'air et mélanger les collines, les arbres et le ciel dans une confusion de couleurs douces et multicolores ; tandis que les rayons allongés se faufilaient brillamment parmi les tiges élancées des arbres et tombaient comme des diamants sur les sombres ruisseaux qui restaient dans l'ombre parmi les broussailles pendant la première partie du jour.

C'était un soir où la terre entière paraissait si brillante, si précieuse, baignée de soleil et s'abandonnait au calme qui appartient à cette heure tranquille, qu'il semblait que ce monde inférieur ne pouvait être habité convenablement que par des fées ou d'autres créatures aussi fragiles. créatures de l'imagination. Tels n'étaient cependant pas les habitants de la chaumière au flanc de la colline ; mais une jolie vieille dame, coiffée d'un bonnet antique et d'une robe de soie noire, qui avait l'air d'une femme de ménage ou d'une servante de confiance, et qui, penchée sur la porte gothique au bout du bosquet, regardait le long du chemin sinueux, comme à l'affût de quelques voyageurs attendus .

Sa patience n'a pas été mise à rude épreuve. Au bout de quelques minutes, on vit une voiture s'avancer rapidement vers la maison. La vieille femme se retira sous le porche ; la voiture s'arrêta et une dame d' un aspect imposant en descendit, suivie d'une petite fille gracieuse.

" Ah ! nourrice, chère nourrice ! comme je suis contente de vous voir ! " s'écria la jeune femme en se jetant dans les bras de la vieille.

"Bienvenue en Angleterre ! Bon retour, ma chérie !" » dit la nourrice en s'efforçant de faire une révérence à la dame aînée, tandis qu'elle était emprisonnée dans les bras de la plus jeune.

"Je suis heureuse de vous revoir, nourrice Grant", dit Mme Fitzpatrick, l'aînée des deux dames, "Aveline, mon amour, nous sommes juste sur le chemin ici - entrons."

"Oui, maman. J'ai hâte de revoir ces chères chambres. Comme tout a l'air confortable ! Nourrice, entre. Maman, tu as dit que cette nourrice devrait boire du thé avec nous ce soir."

"Oui, s'il plaît à la nourrice", dit la dame en entrant dans le salon, où le thé les attendait dans toute la délicatesse anglaise de ce repas. "Aveline dépend de votre entreprise depuis Southampton , Mme Grant."

"Bénis-la, la chérie !" dit la vieille femme. « Elle est fatiguée du voyage, n'est-ce pas ? J'espère qu'elle a l'intention de manger quelque chose. Un œuf frais ou du poulet froid, Miss Aveline ?

« Mangez, nourrice ! vous verrez comment je mange ; » dit la jeune femme en s'approchant de la table. "Je devrais avoir honte que quelqu'un d'autre que toi me voie manger après un long voyage. J'ai tellement faim !"

"Son appétit est très bon", dit Mme Fitzpatrick d'un ton décidé. "Elle est revenue à tous égards, infirmière, meilleure qu'elle ne l'était. Son séjour en Italie lui a été du plus grand avantage."

"Dieu merci!" dit Mme Grant en regardant sérieusement la jeune femme. "Il y a donc du bien à l'étranger."

"Oh, infirmière !" s'écria Aveline. "Pas un mot contre l'Italie. C'est le seul pays qui jouit et améliore la vie. Si ce n'était pas ici notre maison , j'aurais pu passer ma vie à Naples ou... à Sorrente."

"Vous aimiez beaucoup Sorrente", dit Mme Fitzpatrick en regardant sa fille d'un air interrogateur.

"Oui. Autrement dit, j'en avais enfin marre. C'était un grand soulagement d'aller à Milan, il y a quelque chose au bord de la mer qui... une monotonie je veux dire... après..."

« Pourtant, vous auriez pu y passer votre vie ; » » dit Mme Fitzpatrick d'un ton calme.

"En Italie, maman ? N'importe où en Italie. Ce n'est pas l'endroit, mais l'air raréfié et chaud qui me fait me sentir si pleine de vie. Oh, chère infirmière, tu es si beau. Tu ne peux pas imaginer à quel point le vieux est laid. Les Italiennes le sont, avec leur peau brune épaisse, leurs rides profondes et leurs cheveux grisonnants. Les Anglais ont certainement une texture plus délicate. Même moi, j'étais trouvée jolie en Italie.

"Jolie en Italie!" dit la vieille dame avec indignation. "J'imagine, Miss Aveline , que ces messieurs doivent avoir beaucoup changé depuis mon époque, si vous n'êtes pas trouvés jolis nulle part."

"Oh, chut, infirmière !" dit Aveline en levant le doigt. "Il est prudent de dire aux petits enfants qu'ils sont jolis. Les adultes sont trop prêts à le croire."

"Cela n'a pas d'importance ici, Miss Aveline", dit la vieille femme. "Vous n'avez pas de voisins ."

"Pas de voisins , nourrice ? J'attendais seulement que nous ayons fini de thé pour vous poser des questions sur tout cela. Comment vont la bonne vieille veuve près de l'église, et Mme Wood, la boulangère, et la jeune Mme Wood à la poste. " Et Harding, le charpentier - et la famille du pêcheur de l'autre côté de la falaise ? La petite Jane est-elle aussi jolie que jamais ? Bien sûr que non. Son père que je connais lui a coupé toutes ses boucles, comme il le fait toujours, et elle est elle commence à perdre ses dents, de sorte qu'elle ne sera plus en forme pendant ces dix années.

Pendant qu'elle parlait avec cette vivacité, la vieille femme gardait les yeux fixés sur son visage avec une expression sérieuse et inquiète.

Aveline était terriblement maigre ; ses mains, dont elle se servait pour parler, plus qu'une Anglaise, étaient presque transparentes ; et de fatigue, les veines bleues s'étaient élevées sur eux dans toutes les directions. La couleur de ses joues était fixée comme une tache brillante de rouge sous chaque œil, donnant un éclat presque féroce dans son expression à des yeux noirs comme la nuit et remarquables par leur taille.

Mme Fitzpatrick, qui suivait les regards de la nourrice avec un empressement qu'elle pouvait à peine réprimer, croisa son regard et resta silencieuse, fixant son regard sur le visage de la vieille femme avec une intensité qu'elle pouvait difficilement soutenir. Il semblait qu'elle désirait ardemment lire l'opinion de la nourrice sur son enfant, mais qu'elle craignait également de ne pas l'exprimer ensuite.

— Eh bien, nourrice, dit Aveline, quelle nouvelle ? J'espère que tous ces braves gens ne sont pas morts, que vous gardez un si profond silence sur leurs démarches.

"Tout est à peu près tel que vous les avez laissés, Miss Aveline", dit l'infirmière en se sortant de sa contemplation. "Je ne peux pas parler positivement de la beauté des enfants du pêcheur, même si je vois toujours trois ou quatre têtes bouclées autour de sa porte quand je passe. Il a perdu un pauvre petit en hiver à cause de la coqueluche. Les voisins ont dit que c'était c'était une pitié, car il avait une famille si nombreuse, mais je ne sais pas si les parents en ont ressenti moins pour cela.

"Les pauvres!" dit Aveline. « Je vais te dire, maman, je me lèverai tôt demain, je descendrai à la chaumière avec Susan et j'achèterai des crevettes pour le petit déjeuner ; et ensuite je verrai ce que les enfants voudraient comme cadeau. Je suis toujours si heureuse quand les gens ont besoin de jolis petits bonnets de paille propres. Il n'y a rien de romantique à offrir des jupons en flanelle ou des bas épais en laine peignée.

"N'oubliez pas, Miss Aveline," dit l'infirmière, "que vous apportez beaucoup de confort avec ces vêtements chauds."

« Et si vous avez l'intention de faire une longue promenade demain, » dit Mme Fitzpatrick, « vous feriez mieux de ne pas vous asseoir plus tard ce soir.

Vous avez fait un long voyage et vous devriez être prudent ; même si vous l'avez remarquablement bien supporté. ".

Mais Aveline ne voulait pas prendre sa retraite. Bien qu'elle souffrît visiblement d'une fatigue excessive, elle persistait à errer avec inquiétude dans la pièce, regardant tous les bibelots qui la parsemaient. Mme Grant remarqua avec douleur que son pas était paresseux et qu'elle se courbait beaucoup en marchant. Bientôt, elle fut prise d'une quinte de toux pénible.

"Une pastille, s'il te plaît, maman", dit Aveline en s'approchant de la chaise de sa mère.

"Maintenant Aveline, je sais que vous êtes fatiguée", dit Mme Fitzpatrick, "prenez vos pastilles et allez vous coucher immédiatement. Elle tousse toujours", dit-elle en se tournant vers Mme Grant, "quand elle est trop fatiguée. Elle le faisait toujours de un enfant." « Venez, Miss Aveline, » dit Mme Grant, « je rentre à la maison dans une minute ; laissez-moi vous accompagner. Cher cœur ! comme je me souviens du temps où vous étiez une petite fille ; quelle difficulté il y avait toujours à obtenir toi au lit."

"Pourquoi de quels secrets particuliers avez-vous de bonnes personnes à raconter et dont vous souhaitez que je parte ?" dit Aveline en riant, que veux-tu dire à maman des dindonneaux et des pintades pour que je n'entende pas ? Mais, bonne nuit, nourrice, tu veux que je te harcèle demain de bonne heure dans ta chaumière et que je pille. vos parterres de fraises, que vous savez bien meilleurs que les nôtres. Quant à vous, maman, je ne vous dirai pas bonne nuit, car vous serez là-haut bien avant que je m'endorme.

« Sa bonne humeur est excellente, infirmière, » dit Mme Fitzpatrick, d'un ton qui semblait désireux d'en être assurée.

"Ils sont... très élevés, Madame ;" dit Mme Grant. « À votre avis, à quoi ressemble-t-elle ? » demanda Mme Fitzpatrick.

« Je dirai mieux demain, Madame, » dit la vieille femme d'une voix un peu incertaine ; "J'aimerais, je l'avoue, la voir un peu moins maigre."

"Elle a toujours été mince lorsqu'elle était enfant, si vous vous en souvenez, Mme Grant, et quand une fille devient très grande, elle maigrit naturellement en même temps. Je ne pense rien à cela."

"Non, non, Madame", dit joyeusement Mme Grant, "les jeunes filles auront parfois l'air minces."

" Elle a été très malade à Nice, vous savez ; le vent du nord-est lui a ramené la toux et nous a fait très peur. Et nous avions pour médecin un homme un peu découragé. Il n'y a rien de plus défavorable à un malade que celui d'un malade. ces gens trop anxieux à leur sujet. Mais, voyez-vous, maintenant qu'il fait chaud, elle se porte bien.

Mme Grant sentit ses espoirs s'envoler rapidement avant d'apprendre que l'avis du médecin était défavorable . Elle pensait que c'était un mauvais signe qu'il se décourage, alors qu'aucun intérêt particulier ne le conduisait à exagérer le cas.

" Vous ne pouvez avoir aucune idée, " dit Mme Fitzpatrick, " de ce que nous avons souffert à Nice. Vous avez entendu parler des préjugés que les Italiens entretiennent contre toute maladie qu'ils considèrent comme étant à tendance phtisique. Et Aveline ayant une sorte de toux. — en bref, Mme Grant, ils croyaient que ma pauvre enfant était en déclin ; et quand elle était au plus mal, ils ont pris peur et nous ont ordonné de quitter notre logement à tout moment. Aveline était trop malade pour voyager... notre hôtesse était péremptoire, et je savais bien qu'aucune autre maison ne nous accueillerait. C'est alors qu'une de nos campagnardes, une Mme Maxwell Dorset, apprenant notre détresse, nous rechercha et nous proposa aussitôt un appartement dans sa maison. Il était impossible de faire une cérémonie à un moment pareil. J'ai accepté sa gentillesse, et si nous avions été ses plus proches parents, nous n'aurions pas pu être plus chaleureusement accueillis ni plus attentivement soignés.

« Dieu merci, vous êtes de nouveau en sécurité sur le sol anglais », dit la vieille nourrice ; "où, au moins, on ne jette pas les malades dans la rue, les païens ! Et le Ciel récompensera la bonne dame qui a eu compassion de vous dans votre besoin."

Et en disant cela , Mme Grant prit son départ.

Dès que Mme Fitzpatrick fut seule, elle s'assit devant son écritoire et, appuyant sa tête sur sa main, elle parut perdue dans ses pensées. Elle n'avait que des parents peu nombreux et éloignés, et depuis son veuvage elle vivait dans une telle retraite qu'à l'exception de deux ou trois familles voisines , elle comptait aussi peu d'amis. Au début de sa vie, elle avait beaucoup vécu dans le monde ; mais s'étant retiré dans la solitude, le monde lui avait fait le compliment habituel et avait oublié son existence. Elle avait perdu plusieurs enfants très jeune, et toutes ses affections se tournaient vers cette seule fille dont la santé était si précaire. Elle écrivit quelques lignes à un médecin de quelque notoriété qui habitait à quelques kilomètres de là, pour lui annoncer son retour et le prier de ne pas perdre de temps pour leur rendre visite.

"Il vaut mieux être prudent;" se dit-elle, "Aveline gagne en force; mais M. Lindsay peut m'indiquer certains moyens qui m'échapperaient. Il est si intelligent et connaît sa constitution depuis son enfance. Je suis sûr qu'il pensera qu'elle est améliorée par elle. résidence à l'étranger."

cela , elle se leva pour se retirer pour la nuit ; et, promenant ses yeux dans la chambre, elle vit traîner les gants d'Aveline, son mouchoir et son écharpe, qu'elle avait jetés et oubliés avec l'insouciance de la jeunesse. Elle les rassemblait et les plia avec cet air indescriptible de tendresse qui, chez une mère, s'étend parfois aux bagatelles que son enfant a portées ou touchées ; puis elle monta pour jeter un dernier regard à Aveline — et dormir, si elle le pouvait.

CHAPITRE II.

Puissant pouvoir, tous les pouvoirs au-dessus !
Grand Amour invincible ! Toi qui reposes dans des fossettes lisses,
Sur la joue de la tendre vierge : Toi les riches et les grands obéissent ;
Chaque créature possède ton emprise. Sur la vaste terre et sur le principal
Étend ton règne universel.
SOPHOCLES.

Peu de choses sont peut-être plus curieuses pour ceux qui, en tant que spectateurs, contemplent le jeu de la vie, que de voir comment, dans le courant du temps, les personnes les plus divisées et les moins susceptibles d'être mises en contact sont tourbillonnées par ces vagues irrésistibles. de plus en plus près, jusqu'à ce qu'enfin ils se rencontrent ; ou si aucune collision n'a lieu, la course de l' un entraîne toujours dans son canal, ou modifie d'une manière étrange la course de l'autre.

Margaret ne pensait pas, alors qu'elle rêvait de son sort à Ashdale , qu'une jeune fille malade dans un autre comté, qu'elle n'avait jamais vue et dont elle n'avait jamais entendu le nom, allait exercer une étrange influence sur son sort futur.

M. Haveloc était constamment à Ashdale . Il faisait, il est vrai, des allers-retours depuis sa propre maison jusqu'à celle de M. Grey, mais ses visites chez lui étaient merveilleusement courtes, et celles d' Ashdale de plus en plus longues. Son attention, son dévouement envers Margaret augmentaient chaque jour ; elle n'a jamais eu l'occasion de formuler un vœu. Il semblait deviner toutes ses pensées, anticiper tout ce dont elle pouvait éventuellement profiter. Et c'était surtout le genre de personnage qui l'intéressait ; ses défauts n'étaient pas de nature à la gêner, et le sérieux de son caractère convenait à ses idées sur le roman d'amour. Elle ne risquait pas de se méprendre sur une dévotion qui ne connaissait aucune pause, qui n'avait d'autre idée qu'elle-même jour après jour.

Puis ses connaissances, quoique plutôt décousues, étaient inhabituelles chez un homme qui n'avait pas à gagner sa vie, sa maîtrise des langues, ses connaissances, toutes choses qu'il ne se souciait jamais de mettre en avant, mais que le hasard lui découvrit peu à peu, s'accrurent. son pouvoir sur son esprit.

Les hommes ne peuvent pas pardonner le savoir chez une femme, bien qu'ils pardonnent parfois une sorte d'intelligence naturelle ; mais il est courant que les femmes soient influencées par le génie ou le savoir d'un homme.

Margaret était à peine consciente de l'impatience de son caractère, qu'il ne montrait jamais qu'à M. Casement, quand elle sympathisait pleinement avec lui ; mais elle remarquait chaque jour l'attention qu'il portait à son oncle, son inquiétude pour sa santé et la disposition avec laquelle il abandonnait ses soirées pour amuser son vieil ami. Tout ce qu'elle avait entendu parler de lui avant leur connaissance se confondait avec les faits qui étaient à son avantage. Elle se souvient de la défense de la dame et de sa fille en Calabre. Elle a tout oublié de Mme Maxwell Dorset.

Au début, après son rejet d'Hubert Gage, elle fut très agacée et affligée par sa persévérance. Il a rendu visite à M. Grey, il lui a écrit, il s'est décrit comme distrait, elle-même comme dans l'erreur. Il était déterminé à croire qu'ils étaient faits l'un pour l'autre ; et que Margaret était dans une forte illusion lorsqu'elle ne pensait pas comme lui sur ce sujet. Margaret commença à redouter et à détester le nom même d'Hubert Gage ; elle craignait de le rencontrer dans ses promenades ; chaque sonnerie lui donnait l'appréhension qu'il venait la voir. Et que ce soit à cause de sa jeunesse ou de son caractère, il a agi de manière tout à fait déraisonnable dans cette affaire. Il n'a pas du tout pris sa déception comme un philosophe ; et pour couronner le tout, lorsque le capitaine Gage eut eu d'infinies difficultés à lui procurer un navire, il déclina la nomination, sous quelque excuse triviale, et persista à rester dans le voisinage ; au grand dam de sa famille et au grand dam de Margaret.

Enfin , on le persuada d'accompagner son frère qui retournait en Irlande ; puis Margaret eut un intervalle de paix. Elle pouvait voir Elizabeth quand elle le souhaitait ; et M. Gray cessa de plaindre le pauvre Hubert, lorsqu'il ne le vit plus passer devant la maison, ni avoir l'air inconsolable à l'église.

Comme Margaret n'avait pas de compagne, sa délicatesse naturelle lui disait qu'elle ne devait jamais être seule avec M. Haveloc : mais ces soirées tranquilles étaient presque en tête-à-tête lorsque son oncle dormait dans son fauteuil et qu'elle travaillait. près du feu, avec M. Haveloc toujours à ses côtés, lui parlant ou lui lisant à voix basse, ou lui faisant parler italien, et corrigeant ses erreurs de manière ludique.

Et lorsque le printemps se laissait place à l'été et que M. Gray faisait déplacer sa chaise vers la grande fenêtre qui donnait sur la large terrasse, M. Haveloc persuadait Margaret de parcourir l'allée, toujours en vue, mais sans l'entendre. de son bon oncle, dont le grand plaisir était de les regarder passer et repasser.

La lune s'était levée et brillait derrière l'un des cèdres sombres de la pelouse. Une partie du gazon lisse était presque blanchie par sa lumière particulière, tandis que les arbres projetaient leurs ombres d'encre sur l'herbe. Chaque fleur, à moitié fermée et couverte de rosée, exhalait son plus doux parfum.

"Et vous préférez vraiment la lumière du soleil, M. Haveloc ?" » dit Margaret, tandis qu'ils s'arrêtaient pour contempler le paysage.

"Une bonne lumière du soleil, assez forte pour tout plonger dans la brume, vraiment", répondit M. Haveloc .

"Tu penses à l'Italie ?"

"Non, du soleil anglais. Je ne pense jamais à l'Italie."

Ces derniers mots furent prononcés comme s'il voulait en déduire qu'il y avait quelque chose de bien plus attrayant que l'Italie dans son voisinage immédiat .

Sa main reposait sur son bras ; il la pressa, et elle ne tenta pas de la retirer. Elle ressentait, respectant sans aucun doute son amour ; il l'exprimait à sa manière, et elle était sûre qu'il ne mentirait pas. Tout cela était sous le regard de son oncle, et s'il l'avait désapprouvé, il y aurait mis un terme avant maintenant. Cela la rendait parfaitement heureuse, et un peu effrayée seulement lorsqu'elle pensait qu'il était sur le point de dire quelque chose de décisif. Elle aurait si volontiers continué exactement comme ils étaient alors.

"C'est très joli", dit M. Haveloc , alors qu'ils s'arrêtaient de nouveau en face des cèdres sombres et tristes.

"Oh, magnifique !" répondit Marguerite. " S'il y avait quelques vieux chênes par ici : mais ces frênes dans la prairie près du bosquet , ils sont vraiment magnifiques, n'est-ce pas ? "

"Très bien ! Quand je résidais ici en tant que pupille de M. Grey, je crois que j'avais l'habitude de dessiner ces arbres une fois par semaine."

"J'aimerais pouvoir dessiner !"

"Vraiment ? Je n'ai aucun respect pour les arts ; je préférerais qu'on apprécie les tableaux plutôt que de les peindre."

"Mais ne pensez-vous pas que les peindre aide à les apprécier ?"

"Je pense que cela apprend à connaître les difficultés, mais pas à ressentir les sentiments."

"Oncle Grey, sens-tu le chèvrefeuille chinois ?" demanda Margaret en s'arrêtant devant la fenêtre.

— Oui mon amour, c'est très fort ce soir.

"Es-tu prêt pour ton thé, mon oncle ?"

"Je serai là dans environ dix minutes, ma chère."

« Pouvez-vous deviner dix minutes, M. Haveloc ?

M. Haveloc regarda sa montre et ne put distinguer les chiffres. Margaret pensait qu'elle voyait mieux. Il lui tendit la montre ; elle y réfléchit en vain.

"Vous devez le deviner maintenant, M. Haveloc ."

"M. Gray n'est pas très particulier", a déclaré M. Haveloc , "je pense que je peux m'y aventurer."

Ils se dirigèrent vers le bout de la terrasse.

"Vous souvenez-vous d'un jour où j'ai fait attendre le dîner", a déclaré M. Haveloc .

"Oh, oui ! Je m'en souviens", dit Margaret avec un soupir : c'était le jour où avaient commencé ses ennuis avec Hubert Gage. "M. Casement était tellement en colère parce qu'il ne pouvait pas comprendre vos affaires avec M. Grey."

"Quelle longue délivrance nous avons eu du vieux monstre", a déclaré M. Haveloc .

"Oh, oui ! J'étais si heureuse quand..." Margaret s'arrêta net.

"Quand il a été immobilisé à cause des rhumatismes", a ajouté M. Haveloc en riant.

"Oh, non ! pas exactement. On ne devrait pas s'en réjouir ; mais vraiment, je crois que je me suis réjoui que quelque chose l'ait tenu à l'écart."

" Gessina grossit beaucoup", dit M. Haveloc , tandis que la belle créature bondissait vers eux.

"Arrêtez ! Je vais la porter", dit Margaret en se baissant.

"Tu ne peux pas me faire confiance pour faire ça ?" » demanda M. Haveloc .

"Non, parce que je vais l'envelopper dans un coin de mon châle."

"Reste, ne lui en donne pas trop", dit M. Haveloc en assistant à la distribution du châle, "tu dois prendre soin de toi, dans l'air du soir."

"Elle a tellement couru aujourd'hui", a déclaré Margaret.

"Oui, je t'ai vu l'emmener faire de l'exercice ce matin, avant le petit-déjeuner."

"Vraiment ? Quand nous étions sur la pelouse ?"

"Oui, avec cette balle en caoutchouc indien dont tu lui as fait cadeau."

"Vous riez, mais c'est un ballon capital pour Gessina ."

"Je pensais que Gessina et sa maîtresse semblaient toutes les deux beaucoup apprécier."

"Je ne savais pas que vous étiez debout à ce moment-là, M. Haveloc ."

"Je n'avais pas quitté ma chambre, je l'avoue."

"Comme c'est oisif !"

"Oh, ça l'était ! mais j'étais resté assis la moitié de la nuit."

"Quelle étrange fantaisie de ta part."

"J'écrivais des lettres."

"Quoi ! avec toute la journée devant toi ?"

"J'aime passer la journée en ta compagnie."

Ici, un grognement sourd qui ne semblait guère humain, fit sursauter violemment tous deux. Margaret a laissé tomber Gessina . M. Haveloc se retourna brusquement.

" Pouah ! petite femme ; vas-tu nous donner du thé ce soir ? " grogna M. Casement.

"Oh, oui, monsieur. Je déclare que je ne savais pas quelle heure il était", dit Margaret à la hâte.

" Rien ne presse, " dit M. Haveloc en retenant Margaret par la main, " il ne peut y avoir aucune occasion pour vous de préparer le thé avant l'heure habituelle. "

Margaret leva les yeux en dépréciation de son ton méprisant. M. Casement se retourna pour rentrer à la maison.

"Ugh, mes chéris !" » grommela-t-il en les quittant.

Margaret rougit pourpre. M. Haveloc lui tenait toujours la main, marchant lentement et silencieusement dans la même direction. Enfin, de cette voix calme qui, chez les gens d'humeur impatiente, marque toujours une forte émotion, il dit :

"Il a raison Margaret, je t'aime!"

Margaret était excessivement agitée : elle tremblait violemment ; mais la franchise transparente de sa nature ne l'abandonnait pas maintenant. D'un ton hésitant, elle répondit : "Je le pensais."

"Viens, petite femme", dit M. Casement alors que Margaret entrait par la fenêtre. " C'est bien que je sois revenu parmi vous. Le pauvre oncle est maintenant mis sur l'étagère ; c'est très clair. "

"Est-ce que je t'ai fait attendre, mon oncle ?" » dit doucement Margaret en prenant place devant l'urne.

"Non, mon amour, peu importe ce qu'il dit. Tu connais ses voies à présent."

"Viens, asseyez-vous, jeune, et ne faites pas d'histoires. Allez-y doucement", dit M. Casement en s'adressant à M. Haveloc , qui était derrière la chaise de Margaret.

Margaret osa jeter un regard implorant sur M. Haveloc , qui considérait M. Casement comme s'il voulait le réduire en cendres ; mais n'ayant aucun appareil pour cette cérémonie, il s'assit à côté de Marguerite, sans répondre.

Il semblait que M. Casement n'irait jamais ce soir-là. Il enchaînait les parties de piquet les unes après les autres ; enfin il se releva. "Eh bien, bonne nuit , Maître Grey," dit-il, "si vous avez les yeux bandés, je ne le suis pas. Ces jeunes marmonnent à la fenêtre, depuis que nous nous sommes assis pour jouer aux cartes."

"Qu'est-ce qu'il y a Claude ?" » demanda M. Grey dès que M. Casement fut parti.

M. Haveloc lui a dit de quoi il s'agissait. Margaret posa sa tête sur l'épaule de son oncle qui passa son bras autour de sa taille. "Eh bien, Claude, dit-il, ton meilleur projet est de partir demain matin ; plus tôt tu partiras, plus tôt tu reviendras."

Margaret leva les yeux avec un visage soudainement pâli jusqu'aux lèvres. "Quoi... va-t'en... laisse-moi, mon oncle ?" dit-elle. Sa voix lui manquait ; presque son souffle ; elle n'avait pas cru possible qu'ils se séparèrent un jour.

M. Gray a expliqué à Margaret, comme il l'avait déjà expliqué à M. Haveloc , les raisons pour lesquelles il insistait sur cette mesure.

Quand il eut fini, elle éclata dans un de ces paroxysmes de larmes qu'elle ne cédait que sous une très forte émotion. M. Haveloc était pendu au-dessus de sa chaise, sans voix et en détresse. M. Gray s'efforça de la manière la plus tendre de modérer son agitation.

" Vous voyez, mon enfant, " dit-il, " vous n'avez que dix-sept ans et vous êtes très jeune pour votre âge ; et cet homme-ci, environ vingt-deux ans. Il est très important que vous connaissiez tous les deux un peu ce que vous pensez. plus clairement que vous ne pouvez le faire maintenant. Dans des affaires aussi graves, il convient d'être très prudent. Vous voyez, ma chère petite fille, quel jour du mois sommes-nous ? Vous voyez, une année passe bientôt ; et le 14 juin prochain , il sera de nouveau là."

Margaret retint ses larmes et essaya de récompenser ses efforts par un sourire.

"Eh bien, Claude, il faut que nous ayons une petite conversation ensemble. Souhaitez-lui bonne nuit, mon enfant; vous feriez mieux de vous séparer maintenant et de ne pas vous voir demain matin. C'est plus sage, n'est-ce pas Claude? Là embrasse-la et finissons-en. C'est gentil, les enfants !"

Margaret resta bouche bée de chagrin : les derniers mots que M. Haveloc lui adressa en la conduisant à la porte furent : « Si jamais j'accorde une pensée à quelqu'un d'autre, oubliez-moi ; je ne peux invoquer aucune malédiction plus lourde sur ma tête.

CHAPITRE III.

Ansel. Sa nourriture – un chagrin aigu, un doute toujours irritant,
une peur qui s'approche toujours du cœur de l'amour – et un long suspens
qui fait défaillir le cœur ;
Il se peut que ce soit de la patience et beaucoup de jalousie, et tout cela
irrite la jeunesse jusqu'à un âge intemporel.
Est un. Et quelle récompense ?
Ansel. Dormir un peu;
Rêver de mondes féeriques parsemés de fleurs. Et d'une compagnie étroite
de cœurs égaux; de cœurs humains chaleureux, irréprochables, gentils,
intacts! Alors réveillez-vous, comme Ariane sur le rivage, pour combattre la
tempête, mais seule !
ANON.

Aveline se leva le lendemain matin aussi tôt qu'elle l'avait menacé ; et avec
l'agitation particulière à sa plainte, elle ne se contenta pas d'aller à la maison
du pêcheur pour acheter des crevettes, mais quand elle revint, constatant qu'il
lui fallait encore quelques minutes avant l'heure du petit déjeuner, elle erra
dans le jardin et commença travailler aux parterres de fleurs.

Mme Fitzpatrick fut parfaitement étonnée lorsqu'elle descendit pour trouver
sa fille en train de désherber et de biner, avec son bonnet de paille et ses gants
de jardinage.

« Je n'y peux vraiment rien, maman, » fut la réponse d'Aveline aux
remontrances de Mme Fitzpatrick ; "C'est si agréable de se sentir mieux, que
je n'ai pas pu résister à un peu d'indépendance d'action. J'ai donné à vos
pétunias un tout autre aspect."

"Voici de belles fraises, Aveline," dit sa mère, "si tu vas te promener
aujourd'hui, il faudra te fortifier avec un bon petit déjeuner."

"Oui ! pas des fraises, maman. Je vais essayer des crevettes. Le frère de Jane
les a attrapées. Tom. Je ne sais pas si tu l'as déjà vu. Il y a deux Toms. L'autre
est un cousin, et pas aussi bon. comme le vrai Tom , le garçon aîné de Brand.
Je crains que l'autre Tom ne soit plutôt soupçonné de contrebande ; mais
alors quelle tentation. C'est juste la côte de l'aventure.

— Mais pendant tout ce temps, Aveline, tu ne manges rien, dit sa mère en
regardant avec inquiétude les mains tremblantes avec lesquelles elle tenait sa
tasse de thé.

"Pour le moment, maman. J'ai toujours besoin d'un peu d'encouragement
avant de commencer quelque chose d'aussi important que le petit-déjeuner.
Non, je ne pense pas m'aventurer sur les crevettes. Je vais prendre des fraises,
elles sont trop fines pour être gaspillées. Je suis Je vais prendre de la crème

avec eux, pour faire tout un festin, comme disent les petits enfants. Et maintenant, maman, il te faut une moitié, et je prendrai l'autre.

Aveline ayant partagé les fraises, les goûta, et elles partagèrent le même sort que les crevettes ; puis elle brisa une croûte délicate du petit pain et, après y avoir goûté, déclara qu'elle avait fini son petit-déjeuner et que dès que Mark pourrait se débarrasser, elle avait l'intention de s'asseoir un petit moment pour dessiner.

— Il ne faut pas trop entreprendre, Aveline, dit sa mère. "N'oubliez pas que vous ne pouvez vous attendre à vous rétablir que progressivement."

Aveline rit et avança son portfolio pour sélectionner un croquis.

"C'est celui que je voulais terminer, maman", dit-elle. "La maison de Brand, avec toutes ces belles masses de rochers derrière elle, et les filets et les enfants à la porte. Je l'ai esquissée avant de partir à l'étranger."

"Laissez-moi frotter vos couleurs pour vous", dit Mme Fitzpatrick en prenant un gâteau des mains instables de sa fille.

"Merci, maman. Je suis vraiment bien oisive de te laisser le faire à ma place", dit Aveline en se mettant précipitamment au travail. "Je me sens à l'aise avec mon crayon. J'aimerais pouvoir modeler un peu mieux. Il y a quelque chose de si incomplet dans tous mes bustes; mais cela doit être une considération pour l'avenir. Quand je serai fort, je prendrai plaisir à m'améliorer dans sculpture."

"Mon amour, c'est la dernière chose qui m'inquiète", a déclaré Mme Fitzpatrick. "Vous faites déjà bien plus que la plupart des filles et la plupart des femmes adultes. Quelle que soit l'étude que vous avez poursuivie, vous la connaissez parfaitement."

"Oui, jusqu'à un certain point ; mais que j'ai devant moi. Il y a un tel plaisir à acquérir des connaissances."

Mme Fitzpatrick feuilletait le portefeuille de sa fille.

"Où est ce beau dessin, Aveline, que je pensais être ton meilleur ? Cette partie de la côte, près de Sorrente, à marée basse."

"Je ne l'ai pas gardé, maman."

"L'avez-vous donné, ma chérie ?" » a demandé Mme Fitzpatrick avec un sourire. Car c'était à Sorrente que M. Haveloc avait été très présent avec eux ; et, pendant l'avancement du dessin, comme il aimait beaucoup cet art et était lui-même assez bon dessinateur, il était souvent intervenu, ce qui était grandement bénéfique au tableau, comme le déclara alors Aveline.

"Non, maman", dit Aveline après une pause.

"Alors tu l'as perdu ?" » demanda Mme Fitzpatrick, pensant qu'il n'était pas improbable que M. Haveloc l'ait volé en souvenir des heures qu'ils avaient passées ensemble.

"Non, maman", dit Aveline très distinctement, mais avec beaucoup d'effort. "Je l'ai détruit."

"Et pourquoi, ma chérie ?"

— J'ai trouvé cela plus sage, maman, dit Aveline en continuant rapidement son dessin.

"Chère Aveline", dit sa mère en la prenant dans ses bras. "Maintenant que nous sommes à la maison et au repos, es-tu malheureux ?"

"Non, non, vraiment, maman !" dit Aveline en cachant son visage sur l'épaule de sa mère. "Pas malheureux ! Personne d'autre que moi ne peut dire à quel point j'ai désiré profondément un foyer et du repos ; souvent, quand j'ai pensé que je ne devrais plus jamais me reposer ."

"Mais comment ça s'est passé, mon Aveline ?"

- Ce n'est pas que je ne me méprisais pas chaque jour et à chaque heure pour ma folie, dit Aveline en se plongeant aussitôt dans l'aveu qu'elle avait souvent désiré faire. "Ce n'était pas une faiblesse chérie, tu le croiras, maman."

"Oui, ma chérie."

"Et ce n'est pas parce qu'il nous a défendus contre les brigands. Je sais qu'il est assez courant que les hommes soient courageux. Mais ensuite il y pensait si peu, il l'a toujours pris à la légère, et nous n'aurions jamais dû savoir qu'il l'avait fait. aurait été blessé, si son homme ne l'avait pas prévenu à notre courrier, lors de notre rencontre à Sorrente.

Mme Fitzpatrick serra la main de sa fille.

" Et puis le voir jour après jour à Sorrente ; bien qu'il n'ait jamais rien dit qui puisse me faire croire qu'il me remarquait plus qu'un enfant malade. Toujours si gentil, plus qu'attentif ; si vigilant pour que je ne sois pas fatigué . " Ainsi actif à choisir des lieux de repos pour nous sur le rivage et à trouver des vues pour dessiner ; et j'observais chaque fois qu'il parlait pour chercher un mot qui pourrait montrer que j'étais autant précieux dans son cœur secret qu'il l'était dans le mien ; trop dur. Oh! comme j'étais heureux quand il quitta Sorrente. Et pourtant, cela me paraissait si morne que j'étais heureux d'y aller aussi. Alors, je n'avais plus qu'à oublier tout ce qui était passé; et c'était dur. Il y avait ce dessin - il m'avait aidé avec le ciel et la majeure partie de la distance. Je l'ai détruit, quand je me trouvais toujours à le regarder, et l'amulette en cornaline, qu'il se moquait de moi parce que je la portais. Je l'ai donné à Mme . Maxwell Dorset, vous vous en souvenez.

"Mme Maxwell Dorset a dit qu'il avait fait sa connaissance à Florence, n'est-ce pas ?" dit Mme Fitzpatrick, désireuse d'amener sa fille à parler de cela comme d'un sujet indifférent.

"Oui," dit-elle, "c'était un de ses grands animaux de compagnie. Il lui a donné ce bracelet en émail violet avec une tête en diamant. Je serais vraiment désolée d'être maman ingrate, mais je pensais..."

"Quoi, ma chérie ?"

"Je pensais qu'une femme devait être très vieille pour parler comme elle le faisait de M. Haveloc et de M. Leslie. Je l'ai beaucoup vue, vous savez, lorsque vous étiez en train d'organiser notre voyage de retour avec Johannot ."

"Je serais désolé de vous voir imiter cela, ou toute autre liberté de manière," dit Mme Fitzpatrick, "parce que je considère cela comme très disgracieux ; mais je suis persuadé qu'avec Mme Maxwell Dorset, ce n'était qu'une question de manière. M. Leslie, vous savez, était un ecclésiastique, et Mme Maxwell dit qu'elle n'aime jamais se passer de la connaissance intime d'un ecclésiastique. Elle considère que c'est très avantageux à la fois pour elle-même et pour ses enfants. M. Leslie venait deux fois par semaine pour expliquer la Bible. à ses filles."

C'était assez vrai ; mais Aveline se souvenait que les remarques de Mme Maxwell Dorset à propos de M. Leslie, qui était en réalité un jeune homme des plus excellents et des plus sérieux dans l'accomplissement de son devoir, s'étaient bornées à des éloges répétés sur ses dents et ses mains, et n'avaient jamais abordé le sujet. les doctrines qu'il souhaitait inculquer.

Elle dit cependant que Mme Maxwell Dorset avait été très gentille avec eux au moment où ils en avaient le plus besoin ; et qu'elle devrait être très désolée de porter un jugement sévère sur ses faiblesses. Et puis, après avoir parlé trop longtemps de sujets passionnants, elle provoqua une forte quinte de toux, que Mme Fitzpatrick attribua au fait qu'elle s'était tellement penchée sur son dessin.

"C'est très étrange que nous ne puissions pas nous débarrasser de votre toux, Aveline", dit-elle. "Voici M. Lindsay, nous devons le consulter à ce sujet."

Aveline était rouge de toux et ses yeux pétillaient de plaisir à la vue de son grand favori , M. Lindsay ; de sorte que lorsqu'il descendit de cheval et entra par la fenêtre ouverte, on ne pouvait guère s'attendre à ce qu'il décèle, à travers l'empressement de son accueil chaleureux, une trace prononcée d'indisposition.

« Rien ne va avec toi, je vois ! » furent ses premiers mots pour elle.

"En effet, il y en a, M. Lindsay", a déclaré Mme Fitzpatrick. « Il vous reste encore quelque chose à faire avec elle. Elle ne peut pas avoir tout à fait raison avec cette toux gênante. Et Mme Fitzpatrick fixait ses yeux noirs sur le visage immobile de M. Lindsay, avec un regard qu'il n'était pas facile d'éviter.

"J'aimerais que vous ne sentiez pas mon pouls, docteur", a déclaré Aveline, utilisant un terme qu'elle appliquait souvent de manière ludique à M. Lindsay. "Ça me fait toujours m'évanouir."

"Voilà," dit-il en retirant ses doigts, "vous n'avez laissé aucune de vos fantaisies derrière vous. J'aurais aimé que vous l'ayez fait, ni votre toux !"

« Vous méprisez les étrangers presque autant que Mme Grant, » dit Aveline en riant ; "mais vous ne pouvez nier que j'ai beaucoup gagné à mon absence ."

"Gagne. Oui; un pouce ou plus. N'étais-tu pas assez grand avant de partir?" » dit M. Lindsay en l'examinant de la tête aux pieds.

— Vous êtes toujours aussi ennuyeuse, dit Aveline. "J'ai gagné en force, en moral et en appétit !"

"Qu'avez-vous mangé pour le petit déjeuner?" » demanda soudain M. Lindsay.

"Oh ! le petit-déjeuner. Ce n'est jamais un bon repas chez moi. Je pourrais manger un demi-poulet pour le dîner", dit Aveline en riant toujours.

"Eh bien, je suppose que vous voulez que je vous envoie des médicaments", dit M. Lindsay en prenant son chapeau ; "Les gens ne se contentent jamais de s'en passer, qu'ils en aient besoin ou non."

"Mais n'en ai-je pas besoin ?" demanda Aveline.

"Non."

" Alors, que dois-je prendre pour ma toux ? "

"Cerises, crevettes, tamarins, tout ce que tu veux."

"Et pourquoi tu t'enfuis ?"

"Parce que je vais voir une femme qui veut vraiment de moi et de mon médecin."

"Quelqu'un que je connais ?"

"Une Mme Brand. Je ne peux pas dire jusqu'où peut s'étendre votre cercle de connaissances."

"Pour être sûr que je la connais. Maman, la femme de Brand ! Elle est toujours malade. La penses-tu pire ?"

"Eh bien, oui, plutôt."

"Et est-ce qu'elle ira mieux ?"

"Peut-être. J'en doute."

"Oh, mon Dieu ! avec tous ces pauvres petits enfants."

"Elle aurait beaucoup plus de chances de se rétablir sans les pauvres petits enfants."

"Et que pourrions-nous lui envoyer qui pourrait lui être utile ?"

"Bouillon de poulet, porto, cognac, si elle pouvait le cacher à son mari."

" Oh oui ! c'est un très bon homme. Il ne boit jamais. "

"Excellent. Au revoir," et le docteur sortit sur la terrasse. Mme Fitzpatrick le suivit.

« Que pensez-vous d'elle, M. Lindsay ? elle a demandé.

— Je ne le sais pas encore. Je ne suis pas tout à fait satisfait de son pouls ; mais il faudra que je la voie quand elle aura récupéré les fatigues du voyage.

"Et tu n'as aucun conseil à me donner en attendant ?"

« Attention, attention, attention. Vous connaissez mon axiome », dit le médecin en montant à cheval. « Une meilleure, je le garantis, que celle de Démosthène. »

"Mais tu es vraiment oraculaire ce matin."

"Gardez son esprit tranquille", a déclaré M. Lindsay en ramassant la bride, "et si elle pleure pour la lune, laissez-la l'avoir."

Et après avoir prononcé ce reçu facile et infaillible, il partit au galop. Oui, c'était bien agréable de se faire dire qu'elle devait garder l'esprit de sa fille tranquille, alors qu'elle venait d'apprendre qu'Aveline était engagée dans une longue lutte désespérée contre un attachement qui n'avait jamais été déclaré, ni recherché, ni récompensé.

À Sorrente, elle avait souvent pensé que M. Haveloc devait admirer sa fille ; mais elle n'avait jamais fait allusion à ce sujet, même en plaisantant ; parce que son esprit était de traiter sérieusement toutes les questions graves ; et parce qu'elle ne trouvait pas très propice à la délicatesse d'une jeune fille de plaisanter avec elle sur l'impression qu'elle aurait pu faire sur un homme, surtout lorsque le fait était encore incertain. Et elle croyait qu'Aveline ne lui avait jamais pensé ; et elle-même, plus qu'elle n'en avait besoin, ne prenait la peine de les tenir à l'écart l'un de l'autre, car il n'y aurait aucune raison de s'y opposer, s'ils prenaient goût l'un à l'autre.

Comme elle se repentait profondément de sa cécité ; avec quelle amertume elle se souvenait des fréquentes promenades matinales, des dessins, des sorties en bateau ; dont , en effet , elle aurait difficilement pu exclure M. Haveloc , tout bien considéré ; mais d'où elle aurait pu réussir à omettre Aveline. Elle regarda le chemin accidenté d'où M. Lindsay avait disparu depuis longtemps et se répéta encore : « Gardez son esprit tranquille !

CHAPITRE IV.

Ils sont si bien mariés et si sages,
quoi que ce bon vieil homme ait dit .
SPENSER.

Pourrais- tu percevoir avec austérité dans ses yeux
qu'il a plaidé sérieusement, oui ou non ?
Est- ce qu'il avait l'air rouge, ou pâle, ou triste, ou joyeux ?
Quelle observation as- tu fait dans ce cas.
SHAKESPEARE.

Rien ne rendait Margaret plus chère à son oncle que la manière dont elle acceptait le départ de M. Haveloc .

Un peu plus grave , un peu plus silencieuse que d'habitude, elle semblait seulement soucieuse que M. Gray ne manque pas sa compagnie plus qu'on ne pouvait l'aider. Elle ne craignait pas un instant que son affection ne subisse aucun changement ; ses regrets de se séparer de lui n'étaient pas mêlés de doutes sur l'avenir ; c'étaient simplement ceux de se séparer si longtemps d'une personne qu'elle aimait.

Un soir, alors qu'elle était appuyée sur le fauteuil de M. Grey, placé comme d'habitude près de la fenêtre, avec le clair de lune ruisselant sur le parc, un peu comme lorsqu'elle avait fait sa dernière promenade sur la terrasse avec M. Haveloc , son oncle semblait penser qu'il pourrait aborder le sujet sans exciter trop douloureusement ses sentiments.

"Tu penses à Claude, mon amour", dit-il en lui prenant la main qui reposait sur le dossier de sa chaise et en la ramenant sur son épaule.

"Oui mon oncle", dit Margaret.

"Très naturel", répondit M. Grey. "J'ose dire qu'il pense à toi."

"Je pense que oui," répondit doucement Margaret.

« Il a accepté de ne pas vous écrire, vous savez, ma chère, dit son oncle ; "mais je lui ai promis une chose qui pourrait ressembler à une violation de notre pacte . Si ma santé devait se détériorer matériellement, une lettre adressée à Tynebrook lui sera envoyée, où qu'il se trouve, et il viendra nous voir immédiatement ; ainsi que si je suis trop malade pour écrire, Margaret, vous saurez quoi faire. Il est juste que si vous êtes privée d'un protecteur, je vous en procure un autre.

"Oh ! mon oncle, si tu ne voulais pas parler... si tu n'imaginais pas de telles choses", dit Margaret en fondant en larmes.

"Eh bien, mon cher enfant, je n'en dirai pas plus, nous allons changer de sujet. Qu'en penses-tu ? La dernière nuit où Claude était avec moi, je lui ai dit que j'avais l'intention de quitter mon domaine, avec quelques quelques réserves, à toi. Eh bien, mais ne pleure pas là-dessus, mon enfant : je n'ai jamais entendu dire qu'un homme soit mort plus tôt pour avoir fait son testament. Mais Claude s'est résolument opposé à mon intention ; il a dit que sa propre fortune était si ample qu'elle d'y faire une si grande addition tout à fait inutile ; qu'il désapprouvait le projet d'amasser ces immenses propriétés ; que ma succession serait le moyen de rendre un autre parent aisé dans sa situation ; et qu'il pensait exprimer vos sentiments comme ainsi que le sien, lorsqu'il a résolument décliné mon offre.

" Tout à fait ... Il me comprend ", murmura Margaret à travers ses larmes.

"Alors, Margaret, s'il résiste à l'épreuve du temps, vous pourriez être très heureux ensemble", a déclaré M. Grey.

— Si !... oh ! mon oncle ! je n'en doute pas.

"Je n'en ai pas", a déclaré M. Grey. "Ayez toujours confiance, mon enfant; mais voici l'urne, et Casement aussi, je le déclare."

" Bonjour ! petite femme, où est maître Claude ? " » fut le premier salut de M. Casement, après avoir soigneusement regardé de chaque côté de l'urne, comme s'il cherchait le gentleman disparu.

"Parti, Monsieur; il y a plusieurs jours", dit Margaret, poursuivant son occupation.

"Parti, hein ? Et où ?"

"Je ne sais pas, Monsieur."

"Pas dans sa confiance alors, semble-t-il."

"Pensez à cela, M. Casement", dit Margaret en levant les yeux avec un rire narquois.

"Comment était-ce?" » demanda M. Casement en traînant sa chaise le plus près possible de la sienne. « Racontez-moi tout cela. Maître Grey a-t-il fait des coupures brutales ?

Margaret parut perplexe, car elle ne comprenait pas l'expression employée ; mais elle se tourna vers son oncle.

"Vraiment, oncle Grey ?" dit-elle.

"Il ne sait pas de quoi il parle, ma chère", a déclaré M. Grey.

"N'est-ce pas ?" dit M. Casement. "Tu pensais, petite femme, que je ne savais rien de tes démarches avec maître Hubert."

"Je n'y ai pas pensé, Monsieur", dit Margaret en se détournant.

"Je suppose qu'Elizabeth Gage vous a vraiment blessé maintenant ?" poursuivit M. Casement.

"Non, elle ne l'a pas fait, monsieur; car je dîne demain à Chirke Weston."

"Alors donnez-lui mon amour", dit M. Casement; "et dis-lui que je la tiens fiancée depuis dix ans. Je ne sais pas quand je la réclamerai, mais il vaut mieux le lui rappeler de temps en temps."

Lorsqu'elle arriva chez le capitaine Gage le lendemain, Elizabeth était seule dans le salon, habillée avec sa simplicité coûteuse habituelle.

Elle était assise en train de lire dans un fauteuil près de la fenêtre ouverte, et Margaret ne put s'empêcher d'être à nouveau frappée par le style grandiose et sculptural de sa beauté. Par sa taille, la calme régularité de ses traits, la simplicité de sa chevelure abondante et la dignité de son attitude, elle aurait pu servir de modèle à Minerve.

L'accueil d'Elizabeth fut toujours aussi chaleureux.

"Vous trouverez mon père dans une grande agitation", dit-elle dès que Margaret fut assise. « Sir Philippe d'Eyncourt est arrivé. Vous avez entendu parler de lui ?

"Oui; j'ai entendu son nom", a déclaré Margaret.

« Il est revenu à la maison en très mauvaise santé, » dit Elizabeth, « et a été obligé d'abandonner une étude qu'il considérait comme de grande importance et pour laquelle il était particulièrement préparé par ses connaissances scientifiques. Mon père apprécie tout à fait l'idée d'avoir quelqu'un dont il faut s'occuper. Il *me caresse* ; mais je n'ai jamais rien qui cloche avec moi.

Le capitaine Gage entra alors dans la pièce, serra la main de Margaret et lui assura qu'elle se portait remarquablement bien ; puis il dit à sa fille que Sir Philip descendrait bientôt ; qu'il avait insisté pour qu'on ne retardât pas le dîner ; qu'il avait l'air très malade, mais que Bessy ne devait pas le juger d'après son aspect actuel. Et puis il sortit en toute hâte pour voir comment allait son invité.

Elizabeth Gage n'avait pas vu Sir Philip d'Eyncourt depuis qu'elle était enfant. Elle se souvint alors qu'il avait fait grand cas d'elle, comme les jeunes hommes ont tendance à le faire pour les beaux enfants. Mais ses impressions sur lui ne dataient pas des rares souvenirs qu'elle avait de lui-même, mais de la très haute opinion que son père exprimait toujours de ses talents et de son caractère.

Son père n'a jamais rejeté ses éloges ; par conséquent, Sir Philip devait être tout ce qui était admirable.

Elle désirait beaucoup le voir et faire sa connaissance, mais elle le reconnut parfaitement comme l'hôte de son père ; et bien qu'elle eût volontiers montré son respect pour son caractère, en contribuant de quelque manière que ce soit à son confort, elle pensait néanmoins qu'en tant qu'homme invalide et, à certains égards, déçu, la chose la plus agréable pour lui était d'être laissé. seul.

"J'ai vraiment hâte de le revoir après tant d'années", dit Elizabeth en se tournant légèrement vers la porte lorsque son père et son invité entrèrent. Sir Philip était grand et brun ; avec une tête comme les portraits du règne d'Elizabeth. Large sur les sourcils et étroit au menton. Il avait des manières très sérieuses et calmes ; semblait en mauvaise santé; s'assit sans parler, après avoir salué les deux dames, et resta parfaitement immobile et silencieux dans un coin du canapé.

"Vous vous souvenez à peine de Bessy, je suppose", dit le capitaine Gage en se tournant vers Sir Philip.

"Non; cela fait tant d'années que je n'ai pas eu le plaisir de voir Miss Gage", dit-il en tournant les yeux vers Elizabeth, qui montrait à Margaret quelques spécimens d'ivoire sculpté autour d'une table.

Elle rougit un peu ; mais elle réfléchit qu'il n'y avait rien d'étonnant à ce que sa mémoire soit pire que la sienne. Il avait vu beaucoup de jolis enfants ; elle n'avait vu qu'un seul sir Philip d'Eyncourt .

"Tu penses que Bessy aime Hubert ?" » demanda le capitaine Gage, qui semblait résolu à ne pas laisser Sir Philip seul au sujet de sa fille.

Sir Philip n'a pas vu la ressemblance.

"Maintenant, cela me contrarie, Sir Philip", dit Elizabeth, levant les yeux avec sa franchise habituelle . "J'aime beaucoup être considéré comme Hubert."

Sir Philip sourit, mais ne répondit rien.

"Tu le penses, n'est-ce pas ?" » demanda le capitaine Gage à Margaret avec un sourire malicieux.

C'était plutôt dur pour elle ; elle rougit très profondément et acquiesça.

Le capitaine Gage appréciait sa confusion. Il était toujours aussi bon pour elle : il aurait voulu qu'elle épouse Hubert, parce que son fils y avait mis le cœur ; et il était très content que cela n'ait abouti à rien, parce qu'il pensait que le garçon était beaucoup trop jeune pour songer à s'installer. Il aurait en effet été difficile de troubler son équanimité. À l'époque de l'extravagance de George, il payait ses factures avec un sang-froid qui faisait souhaiter aux amis intimes de ce gentleman que le Ciel leur ait fourni celle de son père exactement sur le même modèle ; et il accepta toute la perversité d'Hubert, après la première irritation, avec la plus grande indulgence ; suppliant seulement qu'on l'informe quand il lui plairait de reprendre la mer, car il ne voulait pas exercer une seconde fois son influence pour rien.

Le dîner fut annoncé ; Le capitaine Gage prit possession de Margaret, et Elizabeth sachant que Sir Philip devait lui offrir son bras, avec une légère couleur , un léger embarras qui lui convenait infiniment, se dirigea vers lui pour lui épargner l'effort de traverser de son côté de la pièce. Il la rencontra avec un sourire qui semblait à la fois comprendre et être reconnaissant de sa considération.

La chose que le capitaine Gage désirait le plus ardemment sur terre était le mariage d'Elizabeth avec Sir Philip ; mais ce souhait, il le garda très prudemment pour lui. Il était très heureux de voir qu'elle portait ses camées et sa soie blanche, et que ses cheveux étaient coiffés à l'admiration ; pour le reste, pensa-t-il, on pourrait sans risque s'en remettre au temps.

"Je voudrais que vous voyiez Creswick," dit le capitaine Gage, "il est à vendre ; si vous voulez l'acheter, nous serions sûrs d'avoir un voisin agréable . Je vous y conduirai demain."

" Merci, " dit Sir Philip, " ce serait une incitation ; mais je crois que je dois me contenter de Sherleigh . "

" Sherleigh , c'est magnifique je sais ; " » dit le capitaine Gage, « mais Creswick serait exactement ce qu'il faut pour un stand de tir. Aimez-vous le tir ? Oh ! Je me souviens avoir passé de nombreuses journées de sport avec vous à Antigua.

« Tir de perroquet ; » dit Sir Philip, "il n'y avait pas besoin de grande habileté là-bas. Non ; j'ai survécu à mon goût pour les sports de campagne."

"Il suffisait de tirer sur un arbre, et ils tombaient comme des hannetons", a déclaré le capitaine Gage en se tournant vers Margaret. "Pourquoi Bessy, qu'est-ce qui te rend si pressé ?" Elizabeth se leva pour quitter la pièce ; et lorsque son père la rejoignit dans le salon, il apporta un message courtois de Sir Philip, disant qu'il regrettait de ne pas revoir Miss Gage, mais que son médecin lui avait enjoint de se retirer tôt.

CHAPITRE V.

Mais le bien avec le mal, et le plaisir toujours avec la douleur
Comme les signes tournants du Ciel, règne alterné.
TRACHINE.

Vie de mon amour—trône où siègent mes gloires,
je monte en triomphe sur un nuage d'argentQuand je ne fais que te voir.
LE CHÉRI DU SOLEIL.

Quelques jours après leur retour, le temps, toujours si instable sous notre climat, devint brusquement froid, et le mal d'Aveline prit aussitôt une forme plus grave. M. Lindsay avait l'air grave ; et aux supplications répétées de Mme Fitzpatrick pour qu'il soit parfaitement ouvert avec elle concernant l'état de sa fille ; il avoua enfin à contrecœur qu'il entretenait un très léger espoir qu'elle recouvre un jour la santé. Mme Fitzpatrick supporta la nouvelle avec plus de fermeté qu'il ne l'aurait cru. Même si ses craintes lui avaient souvent suggéré cela, elle n'y croyait qu'à moitié. Si Aveline semblait languissante ou démoralisée ; si sa joue était plus rouge ou si son appétit manquait, alors le cœur de Mme Fitzpatrick mourait en elle ; et elle fit écho à la phrase défavorable du médecin . Mais si elle se ressaisissait pendant un certain temps, si elle se tournait vers ses occupations habituelles pendant une heure, ou si, grâce au retour du beau temps, elle jouissait d'un répit temporaire de ses attaques de toux agaçantes , alors le moral et la confiance de Mme Fitzpatrick ressuscité; personne n'a compris qu'elle en était sûre, dans le cas de sa fille. Aveline était certaine de se rétablir.

C'était une matinée douce et ensoleillée. Il y avait eu de la pluie, et cela avait dissipé le vent violent si répandu au début de notre été. La mer étincelait et se brisait en petites vagues à crête. Aveline, enveloppée dans des châles, un lourd manteau posé sur ses pieds, était assise en train de lire sur la plage. Sa mère était retournée à la maison pour donner un ordre oublié aux domestiques, et Aveline, dès que Mme Fitzpatrick fut hors de vue, laissa tomber son livre et, joignant ses mains sur ses genoux, resta longtemps assise à regarder la file en mouvement. de l'eau. Lire était devenu pour elle un véritable effort ces derniers temps. Les lignes flottaient devant ses yeux, si elle y concentrait son attention pendant un certain temps. Son appétit avait diminué ; son moral lui a fait défaut ; et ses grands yeux se remplissaient maintenant de larmes, alors qu'elle restait apathique et silencieuse ; regardant d'un air absent les vagues qui avançaient lentement.

Deux ou trois joyeux enfants de paysans jouaient sur la plage, se rapprochant de plus en plus de l'eau ondulante et revenant en courant avec des cris et des rires tandis que l'écume se brisait sur leurs pieds. Lorsqu'ils s'approchèrent d'Aveline, leurs voix baissaient ; ils se murmuraient que c'était la malade et se déplaçaient tranquillement un à un sur le sable. Mais Aveline les aperçut au passage et les fit signe de se joindre à elle.

"Viens à moi, Jane," dit-elle. "Je souhaite te parler, je veux savoir comment va ta mère ?"

"Mère va mieux, Madame, merci", dit la jeune fille. "Mère a mangé tout le bouillon de poulet", a déclaré un plus jeune enfant en s'avançant.

"Je suis contente de l'entendre", dit Aveline, "est-ce qu'elle dort mieux qu'avant ?"

"Beaucoup mieux, Madame", dit la jeune fille, "le médecin dit qu'elle peut arrêter de prendre ce truc la nuit."

" C'est bon signe ; et j'espère que vous êtes de très bons enfants, que vous ne faites rien qui puisse contrarier votre mère, et que vous essayez de l'aider autant que vous le pouvez. C'est si triste d'être malade, " dit la pauvre Aveline.
.

"Oui, Madame", dirent tous les enfants ensemble.

"C'est un tel réconfort pour elle d'avoir de bons petits enfants tranquilles autour d'elle", dit Aveline de sa voix douce, "et ce sera un tel réconfort pour vous de savoir que vous avez fait tout ce qui était en votre pouvoir pour la rendre meilleure. ".

Ses manières sérieuses frappèrent les enfants ; ils restèrent silencieux, la regardant fixement . Enfin Jane, l'aînée, dit timidement : « Et vous, Madame, ça va mieux ?

"Non," dit Aveline avec un léger sourire, "non, je ne me sens pas encore beaucoup mieux. Je pense que je dois attendre que le temps soit plus chaud."

Et elle resserra son châle autour d'elle.

« Mère en sera désolée », dit tristement la petite fille ; "maman a dit qu'elle ne cherchait pas à te voir toujours mieux dans ce monde."

"Et maman a pleuré quand elle a dit cela", ajouta le garçon en fixant ses yeux ronds bleus sur Aveline.

Aveline ne répondit rien, quand les enfants eurent fini de parler, et ils restèrent à ses côtés, contraints et silencieux pendant quelques minutes.

Finalement , elle leva les yeux et dit doucement. "Eh bien, maintenant, vous pouvez continuer à jouer. Jane fera très attention à ses deux frères. C'est tout à fait comme une femme de confiance, n'est-ce pas Jane ?"

Les enfants s'éloignèrent doucement, main dans la main ; et Aveline, après une pause pendant laquelle elle luttait en vain pour se calmer, éclata en larmes et en sanglots convulsifs. Sa mère lui avait si soigneusement caché tout soupçon de danger ; elle cachait si scrupuleusement ses craintes quant aux conséquences de sa maladie ; qu'Aveline attendait toujours la chaleur comme le remède infaillible de sa toux, et attribuait à des causes accidentelles les différents symptômes qui révélaient trop bien aux autres la nature de son mal. Mourir. Cette pensée était si nouvelle, si terrible. Quitter le monde - elle était si pleine de génie, de vie intellectuelle, elle avait tant fait, elle avait tant à faire (le sentiment de tous ceux qui ont tant fait), et quitter sa mère - qui n'avait pas de vie. une… rien dans la vie pour la remplacer. Est-ce que ça pourrait être? Rien ne pourrait-il vraiment la sauver ? Son sort était-il si clairement indiqué, que la pauvre paysanne, qu'elle visitait et soulageait, ne pouvait manquer de le lire ? Son agitation la secouait de la tête aux pieds. Et encore une autre pensée s'imposerait ; un souvenir et un espoir qu'elle avait bannis, mais auxquels elle s'accrochait malgré toute raison, depuis très longtemps. « Si je meurs, s'écria-t-elle en joignant les mains en signe d'agonie, je ne le reverrai plus jamais !

Au bout d'un moment, elle se ressaisit ; elle ne chagrinerait pas sa mère en paraissant consciente de son état périlleux. Et sa mère supprimait tout ce qu'elle craignait et ressentait, pour le même motif aimable mais erroné ; car tous deux auraient été soulagés et fortifiés s'ils avaient ouvert leur cœur et pleuré ensemble plutôt qu'en secret.

"Eh bien, Aveline, êtes-vous fatiguée", a demandé Mme Fitzpatrick en retournant vers sa fille.

— Un peu fatiguée, maman, de rester assise, dit Aveline de cette voix inégale qui trahit les larmes récentes ; "si tu me donnes ton bras, je marcherai un peu le long de la plage."

"Il ne reste plus beaucoup de sable", dit Mme Fitzpatrick pendant qu'ils se promenaient, "la mer est un triste envahisseur, Aveline, et ne reste pas plus pour vous que pour le roi Knute."

Mais Aveline pleurait en silence et ne répondait pas.

"Aveline, ma chérie, qu'y a-t-il ?" » demanda Mme Fitzpatrick, et son cœur tremblait en elle, car de toutes choses elle redoutait le plus que sa fille soupçonne son danger ; elle connaissait les incursions rapides de l'imagination sur un corps délicat.

"Rien, maman", dit Aveline. "Je suis déprimé aujourd'hui et je ne me sens pas assez fort pour résister à pleurer, c'est tout."

"Vous ne devez pas être si seul", dit Mme Fitzpatrick, "avez-vous vu les enfants de Brand ?"

"Oui, ils viennent de me quitter;" dit Aveline, "ce sont de gentilles petites créatures, et Jane grandit, je pense, chaque jour."

"Mme Fletcher vous a envoyé un panier de ses belles framboises," dit Mme Fitzpatrick, "et une note très aimable avec elles."

"Elle est très bonne. Je la rencontre partout avec une grande gentillesse", dit Aveline.

« Il faut prendre garde que nous ne marchions pas trop loin, dit sa mère, si tu te reposes un peu.

"Je vais rester debout une minute et regarder la mer, maman", dit Aveline.

Elle s'appuyait sur sa mère et restait à contempler la longue rangée de rochers brisés contre lesquels les vagues jetaient leur écume blanche. Ces rochers, qui s'élevaient un peu au large, s'élevaient de quelques pieds au-dessus du niveau de l'eau, diminuaient de taille à mesure qu'ils avançaient vers le rivage, et n'apparaissaient plus qu'une masse irrégulière de pierres brutes, couvertes d'algues vertes glissantes. .

Bientôt, un point apparut à l'horizon et, s'avançant peu à peu, présenta l'apparence d'un vaisseau élancé. "Regarde, Aveline, il y a un yacht !" dit Mme Fitzpatrick, "quelle belle chose c'est !"

"Oui, un joli jouet," répondit Aveline avec indifférence, "mais je préfère un bateau de pêche, je crois que mes sympathies vont plutôt aux pauvres qu'aux riches. Quelles histoires sur la magnificence tranquille des nuits de lune, quelles aventures, quels périls Les vents et les tempêtes sont liés au plus méchant de ces petits vaisseaux. Et à la femme vigilante, et aux enfants endormis, inconscients, pendant ces nuits sombres et rudes, pendant que le père travaille dur pour gagner son pain. Je n'aime pas la noblesse de notre époque. , maman, toute la poésie est du côté de ces pauvres gens.

Mme Fitzpatrick sourit : « Vous voyez, dit-elle, ils ont abaissé un bateau ; un de vos messieurs méprisés arrive à terre.

Aveline tourna négligemment les yeux vers le bateau. "J'ose dire," répondit-elle, "elle appartient à la personne qui a pris la villa de l'autre côté de la falaise. Mark a dit qu'elle avait été louée l'autre jour. Ce serait un endroit très pratique pour quiconque aime la navigation de plaisance. » Le bateau approcha enfin du rivage, et un homme en costume de marin, assis sans rien faire à l'arrière, jeta deux chiens qui nageèrent vers la terre.

Aveline, pas assez intéressée par leurs démarches pour continuer à les observer, se détourna lentement et flâna le long du rivage dans une direction opposée.

Pendant ce temps, les chiens étaient arrivés à terre ; et l'un d'eux, un setter d'une remarquable beauté, après avoir secoué les embruns de son manteau, courut fouiner le long du rivage, jusqu'à ce qu'en arrivant à Aveline et à sa mère, il poussa un aboiement de reconnaissance et sauta sur elles en les flattant.

"Maman!" s'écria Aveline essoufflée d'excitation, regarde, c'est Farfallo ! Comme je me souviens bien de lui. Tu vois, il me connaît ! Tu ne te souviens pas que je l'ai nommé à Sorrente ? Oh ! je ne peux pas me tromper !

"Chère Aveline, c'est très peu probable", a déclaré Mme Fitzpatrick. — Non ! j'en suis sûre, certaine, s'écria Aveline, comment pourrais-je l'oublier ?

Son agitation, l'éclat de ses joues, la lumière de ses yeux, alors qu'elle se baissait et caressait le chien avec un plaisir qu'elle ne prenait aucune peine à dissimuler, donnèrent à Mme Fitzpatrick un espoir qui envoya un frisson de plaisir dans son cœur. Il était évident que le maître de Farfallo ne devait pas être très loin. Il était également évident qu'Aveline ne l'avait pas oublié ; toute sa maladie pourrait provenir simplement de la dépression des esprits, de cet espoir prolongé qui, tout en rendant le cœur malade, épargne rarement tout à fait le corps. Les médecins ont commis des erreurs extraordinaires dans les plaintes des gens. M. Lindsay, quoique homme très judicieux, n'était pas infaillible ; et M. Haveloc se jeta une fois de plus sur le chemin d'Aveline.

Son imagination voyageait très vite, lorsqu'une voix, qu'ils connaissaient tous deux bien, se fit entendre appelant Farfallo , accompagnée d'une demande polie, pas formulée sur le ton le plus doux, selon laquelle "le diable viendrait chercher le chien".

Quelques rochers se trouvaient entre eux et le propriétaire impatient. Farfallo s'éloigna d'un bond. Aveline se leva avec un sourire éclatant.

— Tellement comme lui, tellement impatient ! dit-elle comme si elle lui faisait un compliment. Il tomba soudainement sur eux.

Mme Fitzpatrick se tourna doucement vers lui, comme s'ils s'étaient séparés hier.

"Nous étions coupables, M. Haveloc . Nous avons gardé votre chien", dit-elle en souriant.

Il s'arrêta net, étonné.

"Mme Fitzpatrick ! Est-ce possible ?" il s'est excalmé. "Quelle chance je m'estime de vous revoir."

"La surprise est de votre côté", a déclaré Mme Fitzpatrick. "Votre chien nous a prévenus de votre voisinage proche ."

"Vous vous souvenez de lui alors ? J'espère qu'il ne vous a pas ennuyé, il est si mouillé. Et vous, Miss Fitzpatrick, j'espère que vous êtes complètement rétablie."

Aveline s'inclina légèrement et sourit. Mme Fitzpatrick a répondu à sa place.

« Nous n'avons pas grand-chose à nous vanter, à l'heure actuelle, M. Haveloc , » dit-elle ; "Nous comptons sur le temps chaud pour la remettre en place."

"Vous devez m'autoriser à vous emmener en croisière sur mon yacht", a déclaré M. Haveloc en désignant le navire au loin. " On dit que les voyages en mer sont très bons pour les invalides ; et je suis en train de devenir un marin assez expérimenté. "

"Vous aviez l'habitude de menacer quelque chose de ce genre à Sorrente", a déclaré Mme Fitzpatrick.

"Oui ! mais l'envie s'est déroulée comme vous l'aviez dit", répondit-il. "Je me débarrasserai de mon yacht à l'automne et je repartirai à l'étranger."

"Qu'est-ce que je n'en ai pas encore marre de voyager !" dit Mme Fitzpatrick.

" Ce n'est pas exactement l'amour des voyages ; mais j'ai promis de l'accompagner dans les Pyrénées à un de mes amis, un jeune avocat qui a quelques semaines de liberté à l'automne et qui aime à en profiter au maximum. ".

"Quelle délicieuse visite!" dit Aveline. "Il n'y a rien d'égal aux paysages de montagne."

"Mais vous savez, Miss Fitzpatrick, je ne suis pas vraiment sensible aux charmes des paysages de montagne."

"C'est très faux", dit Aveline en le regardant avec un sourire. « J'espérais que vous auriez pu vous réformer avant maintenant.

"Il y a trois choses dont je me souviens que je n'ai pas apprécié à juste titre", a déclaré M. Haveloc ; "clair de lune, moines et montagnes."

"C'est seulement ce vieux moine sur lequel j'ai toujours insisté", a déclaré Adeline.

"Je le pensais le plus sale de toute la série", a déclaré M. Haveloc en riant.

"Il était très sale", observa Mme Fitzpatrick. "Tu ne peux pas imaginer à quel point j'ai été surpris de te voir."

"Je vous pensais en Italie", a déclaré M. Haveloc .

"Je pensais que vous étiez encore plus loin", répondit Mme Fitzpatrick.

"En effet ! Jusqu'où ?"

"En Egypte. N'était-ce pas votre plan ?"

« J'avais quelques idées d'aller à Venise, et ainsi de suite en Égypte ; mais j'avais hâte de retourner en Angleterre.

"J'espère que vous avez trouvé votre tuteur en bonne santé."

"Oh ! je l'espère", répéta Aveline. "Ce doit être un vieil homme tellement charmant."

"Il est charmant", dit chaleureusement M. Haveloc . "Mais je ne peux pas dire grand-chose sur sa santé ; pourtant ces malades survivent souvent aux plus forts."

"C'est très vrai", dit Mme Fitzpatrick d'un air satisfait.

Alors qu'ils passaient devant l'endroit où Aveline était assise, M. Haveloc s'avança et ramassa un livre.

" Ceci est à vous, Miss Fitzpatrick, " dit-il, " ne le niez pas ; maintenant que je suis votre voisin , je me ferai un devoir de glaner après vous et de meubler ma bibliothèque avec les livres que vous perdez. "

"Alors vous avez pris cette villa", dit Mme Fitzpatrick, souriant à la confusion d'Aveline, car elle était plutôt connue pour perdre ses affaires.

"Je l'ai fait. Vous avez donc encore lu le sombre vieux Florentin", a déclaré M. Haveloc en regardant le livre qu'il portait, "Je pensais, Mme Fitzpatrick, que vous aviez complètement interdit Dante."

"Pas tout à fait", a déclaré Mme Fitzpatrick; " mais j'étais plutôt partisan à Sorrente pour des études plus légères. La santé d'Aveline... "

"Oh, mais je vais mieux maintenant, maman!" s'exclama Aveline.

"En effet, vous avez l'air mieux, Miss Fitzpatrick, que la dernière fois que je vous ai vue", a déclaré M. Haveloc .

"Tu le penses, tu le penses vraiment !" » s'écria avec empressement Mme Fitzpatrick, « et vous devez être juge. Moi qui la vois tous les jours, je ne peux me faire aucune idée de son apparence.

"Peut-il y avoir un doute ?" dit M. Haveloc .

Et qui, en effet, aurait suivi la progression de la maladie dans ces yeux pétillants, cette belle floraison. Sa démarche n'était plus courbée ; son pas n'était pas paresseux. Sa mère s'étonnait du renouveau qui semblait s'opérer en elle, bien qu'elle en fût éclairée quant à la cause. Et Aveline, la pensée de son danger avait disparu comme l'éclair de son esprit. Elle allait bien, forte, heureuse, elle ne pourrait plus jamais être malade.

"Et pendant combien de temps allons-nous vous avoir pour voisin , M. Haveloc ?" » demanda Mme Fitzpatrick.

« J'ai pris la villa pour l'été, dit-il ; mais si cela me plaît, je l'achèterai peut-être. J'aimerais avoir une sorte de maison de pêcheur au bord de la mer, et bien que la maison soit une coquille de noix, elle est assez grande pour cela. avec n'importe quel hébergement à la mer. "

"Et un homme seul devrait supporter un placard, tu sais", dit Aveline.

" Ah ! Miss Fitzpatrick, je suis conscient de l'immense dignité qu'un homme acquiert lorsqu'il est marié, " dit M. Haveloc ; " Avant cette terrible période, il n'est guère considéré comme un membre de la société. Est-ce votre maison ? Quel paradis. Permettez-moi de vous rendre votre Dante, et faites-moi l' honneur de me rappeler que j'ai sauvé le vieux barde des vagues. ".

"Non, vous devez entrer, M. Haveloc ," dit Mme Fitzpatrick, "je ne peux pas me séparer si vite d'un vieil ami. Nous dînons tôt à cause d'Aveline, et vous pouvez prendre votre déjeuner en même temps."

"Je serai trop heureux de venir", a déclaré M. Haveloc , "pour un déjeuner, je le dédaigne complètement, comme le font la plupart des hommes."

"Je crois que vous ne mangez jamais, M. Haveloc ," dit Aveline, "vous ne l'avez jamais fait. Les gens parlent de dames vivant à l'antenne ; je n'ai jamais pu comprendre de quoi vous viviez à Sorrente."

" Les dindes , je crois, Miss Fitzpatrick ; c'étaient la denrée de base dans cette partie du monde. Je ne m'étonne pas que vous ayez hâte de retourner en Angleterre, " dit-il en regardant autour de lui alors qu'ils entraient dans le salon. "Ce qui est étonnant, c'est comment vous avez pu quitter un endroit aussi charmant."

"On irait n'importe où en quête de santé, M. Haveloc ", a déclaré Mme Fitzpatrick.

"C'est vrai, mais après l'avoir trouvé, comme j'espère que vous l'avez fait", dit M. Haveloc en se tournant vers Aveline, "vous ne pouvez pas regretter les rivages de la Méditerranée, ici."

"Non, je ne regrette rien, je n'ai rien à souhaiter", dit Aveline assise tranquillement sur le canapé, absorbée par le contenu du moment présent. Il était avec eux ; il était leur plus proche voisin ; ils doivent le voir souvent. Son bonheur était trop grand pour être cru. Elle n'avait jamais imaginé que son cœur était absorbé par un autre : elle le jugeait par elle-même.

Pour M. Haveloc , il a été vraiment ravi de cette rencontre. Il avait un faible pour Mme Fitzpatrick ; il respectait son caractère et admirait la culture de son esprit. Ils avaient eu l'habitude, lorsqu'ils se rencontraient à Sorrente, de débattre longuement sur l'art et la poésie ; sur la société et la politique; sur tous les sujets possibles ; bref, tous deux avaient beaucoup de savoir, beaucoup d'originalité, beaucoup de puissance d'expression. Et Aveline s'assit et écouta comme un oracle. Mais à l'exception de quelques phrases badineuses échangées occasionnellement entre eux, ils ne se parlaient jamais. Et tandis qu'il recherchait et admirait la société de Mme Fitzpatrick, il ne pensait à Aveline que comme à une jeune fille intéressante et maladive, dont il espérait qu'elle reprendrait des forces pour le bien de sa pauvre mère, qui semblait la radoter. Mais bien qu'il ne fût pas ce qu'on pourrait appeler une personne de bon caractère, là où ses sentiments étaient un peu intéressés, il déployait une attention empressée et vigilante, qu'on pouvait facilement supposer provenir d'une source plus chaleureuse que celle qui motivait sa conduite.

Aveline avait ôté son bonnet, et ses abondantes boucles de cheveux noirs, de cette soie la plus fine qui témoigne presque d'une grande délicatesse de constitution, pendaient sur son visage et sur ses épaules, cachant dans une certaine mesure la minceur de sa silhouette. M. Haveloc ne s'intéressait pas suffisamment à elle pour remarquer sa respiration rapide et inégale ; il pensait simplement, comme il l'avait dit, qu'elle était bien meilleure qu'à Sorrente.

"C'est votre harpe, Miss Fitzpatrick", dit M. Haveloc en se promenant dans la pièce. "Avez-vous reçu des leçons de cette personne à Milan ?"

" Mademoiselle S... ; oui, quelques-unes. Mais j'ai été obligé de m'arrêter à cause de ma poitrine. Elle m'a fait pourtant beaucoup de bien et a très bien mis en valeur mon toucher. "

" J'espère vous entendre un jour. Oh ! au fait, Mme Fitzpatrick, avez-vous déjà réussi à trouver une gravure du Cenci qui vous plaisait ? "

"Non, mais j'en ai acheté une copie miniature à Rome qui m'a presque satisfait."

" Presque ! Ah cette bouche inimitable, la couleur comme la forme, les feuilles de roses fanées ; mais on ne peut pas la décrire. Un homme qui aurait peint un tel tableau ferait mieux de mourir ; il n'aurait plus rien à faire... il ne pouvait pas se surpasser.

"Maintenant, je pense, M. Haveloc ", dit Aveline avec un peu de son ancien enjouement, "qu'il ferait mieux de vivre pour être remercié et admiré pour ses bonnes actions : et ayant surpassé les autres, il n'a pas besoin de s'inquiéter de ne plus pouvoir se surpasser. »

"Et que fais-tu, et qui as-tu surpassé dans les arts ?" » dit M. Haveloc , frappé par sa réponse.

" Quelque chose de merveilleux est en train de se produire, dit Aveline en riant. Quand je serai mieux, je veux étonner tout le monde. " M. Haveloc a été surpris et satisfait de sa conversation. La douleur, qu'elle soit mentale ou corporelle, endormit les facultés de certaines personnes ; mais avec d'autres, cela les pousse à une audace et à une activité contre nature. Il en avait été de même pour Aveline. En accomplissement, en langage, en connaissances générales de toutes sortes, elle était singulièrement avancée et perfectionnée. Tout autour d'elle proclamait l'élégance de son esprit ; chaque bagatelle portait l'empreinte de cette justesse de goût classique, qu'elle avait perfectionnée par les voyages, mais qui faisait partie de ses tendances naturelles.

Lorsqu'il se leva pour partir, il était naturel que Mme Fitzpatrick le supplie de répéter sa visite ; qu'elle devrait l'assurer d'être toujours un hôte bienvenu.

" Merci mille fois , " répondit-il, " vous ne pouvez pas imaginer le plaisir que j'éprouve à renouer avec notre connaissance ; mais je ne peux m'en aller que lorsque vous consentez à fixer un jour pour notre expédition à la voile : confiez-vous à bord avec moi. ?"

"Venez demain", dit Mme Fitzpatrick, "je verrai comment va Aveline, et nous en parlerons alors."

" Portez-vous très bien, Miss Fitzpatrick, " dit M. Haveloc en lui serrant la main, " dès que je vous aurai embarqué, je ferai le grand départ pour Alger. "

C'était une allusion à une conversation riante qu'ils avaient eue autrefois à Sorrente, sur le prix qu'ils atteindraient tous, s'ils étaient capturés par quelque pirate de la Méditerranée et transportés au marché aux esclaves d'Alger. Il était clair qu'il se souvenait de tout ce qui s'était passé lorsqu'ils étaient ensemble. Était-ce merveilleux si elle pensait que l'amour avait éveillé sa mémoire ?

Il y eut un silence quelques instants après qu'il eut quitté la pièce, et Mme Fitzpatrick, qui était assise près de la fenêtre et observant M. Haveloc alors qu'il descendait vers la plage, dit :

"Quelle sorte de chapeau de paille curieux il porte." "Est ce qu'il?" dit Aveline en s'approchant de sa mère.

"Oui, comme les faucheurs de "Tempête"."

Et c'est tout ce qui s'est passé entre eux au sujet de la visite de M. Haveloc .

CHAPITRE VI.

Lieben Freunde! C'est gab schön're Zeiten
Als die unsern —das ist pas zu s'étirer !
Et un edler Volk chapeau einst gelebt .
Könnte die Geschichte Davon schweigen
Tausend Steine würden redonner Zeugen
Die man aus dem Schooss der Erde gräbt .
Doch es ist dahin , c'est ça verschwunden ,
Dieses hochbegünstigste Geschlecht ;
Wir , wir leben! Unser sind die Stunden ,
Und der Lebende hat Recht .
SCHILLER.

"Et donc vous souhaiteriez être une pirate, Miss Fitzpatrick", a déclaré M. Haveloc alors qu'ils se tenaient sur le pont de son yacht. "Je salue votre goût. Ces pirates étaient de jolis gars en rimes."

"Il serait un peu tard pour commencer Viking, n'est-ce pas ?" dit Mme Fitzpatrick.

"Oh non!" dit M. Haveloc ; " Mon yacht est tout à fait au service de Miss Fitzpatrick. Je ne désespère pas qu'elle fasse le prix d'un bateau de pêche solitaire par une nuit sombre. Et pensez seulement, Miss Fitzpatrick, à quel point les harengs auraient un goût excellent, que vous soyez venu si méritoirement. loin."

"Je voulais descendre d'un pirate", dit Aveline, "tu ne vois pas la différence étonnante ?"

"Oh, très grand ! Vous désirez toutes leurs penchants, sans pouvoir les mettre en pratique."

Vikingers ont fait de belles choses ", a déclaré Aveline. "Ils ont eu du courage."

" Oh ! le courage ! qui naît avec un homme ; s'il ne l'a pas, c'est une difformité et non un vice. Comme s'il était né sans nez. "

"Vous respecteriez davantage le courage, M. Haveloc ", dit Aveline, "si vous saviez ce qu'est la peur."

"Je n'ai jamais reçu un tel compliment auparavant", a déclaré M. Haveloc en riant.

"Nous avons le droit de vous faire des compliments, vous savez", a déclaré Mme Fitzpatrick, assise un peu à l'écart, un livre à la main. "Mais vous ne défendez pas non plus les voleurs d'eau, ni les voleurs de terres."

"Il fait semblant de ne pas avoir d'enthousiasme", dit Aveline en souriant.

« Au contraire, » dit M. Haveloc , « j'avoue que le temps adoucit les démarches d'une telle noblesse ; et j'avoue un désir enthousiaste de les voir traités comme ils le méritent.

"J'ai été très heureux, Miss Fitzpatrick, lorsque nos amis calabrais ont été dûment envoyés aux galères."

"Vous ne pourriez pas avoir un plus joli nom pour votre yacht, 'l'Ariel'", a déclaré Aveline. "Je suis sûr que c'est un bel artisanat, même si je ne suis pas un juge de telles choses."

"L'Ariel a été baptisée avant que je l'aie", a déclaré M. Haveloc . "Si je voulais la garder, je devrais prendre la liberté de changer son nom."

"Et comment l'appellerais-tu ?" demanda Aveline avec une certaine curiosité.

M. Haveloc hésita un peu, puis dit : « la Perle ».

"Et j'aime beaucoup les perles", dit Aveline. "Combien de choses y a-t-il, M. Haveloc , dont les noms mêmes rappellent à la mémoire tout ce qu'il y a de beau en poésie. La Perle, la violette, l'alouette."

"C'est vrai", dit M. Haveloc , "un rouge-gorge est un oiseau plus joli, mais on ne l'a pas tellement rimé. Un pistolet est une arme plus maniable qu'une épée, mais il ferait une triste figure dans un texte lyrique. "

— Et un piano à queue, dit Aveline en riant, ne s'appréciera jamais avec des larmes et au clair de lune, comme un luth.

"Et un pirate coquin sera pendu aux chaînes, pour le plus grand plaisir de tous les gens sobres, tandis qu'un cheval viking, ou même un boucanier espagnol, sera exalté en ballade, ou en vers blancs."

"Permettez, dit Aveline, que les gens ne puissent pas *bien vivre* , ceux qui ne vivent que dans le présent".

"Et que les gens ne peuvent pas vivre sagement, qu'ils vivent dans le passé ou dans le futur", a déclaré M. Haveloc .

— Je ne sais si c'est une allusion trop sérieuse, dit Aveline ; "mais je ne peux m'empêcher de rappeler que 'les enfants de ce monde sont plus sages dans leur génération que les enfants de la lumière.'"

M. Haveloc resta silencieux pendant quelques instants. "Je me demande ce que cela signifie exactement", dit-il enfin.

"Cela signifie, je pense, donner un peu de réconfort aux hommes honnêtes, lorsqu'ils découvrent que tout au long de leur vie, ils ont été lésés et dépassés par ceux qui sont sans scrupules dans leurs outils et leurs armes", a déclaré Mme Fitzpatrick.

"Un réconfort froid", a déclaré M. Haveloc , toujours réfléchi.

"Je ne pense pas", a répondu Mme Fitzpatrick. "Je pense que c'est assez réconfortant si l'on dit à un honnête homme, de la plus haute autorité : il en sera ainsi, vous ne surpasserez pas, vous ne serez pas enrichi, on ne parlera pas de vous, comme votre voisin sans principes , vous le ferez. soyez trompés et appauvris par ceux qui sont plus habiles que vous, habiles dans les arts que votre profession vous interdit d'utiliser. Si on ne leur dit pas cela, ils pourraient devenir inquiets et insatisfaits et s'attribuer une partie de l'échec qui appartient à l'État. fait, que ce monde est la demeure des méchants, mais une terre étrangère pour le pèlerin chrétien. »

M. Haveloc , parut très frappé par ses propos, mais resta silencieux.

" M. Lindsay, c'est une illustration de l'idée de maman, " dit Aveline, " il est beaucoup trop honnête pour être jamais riche. Les relations simples ne répondent jamais aux esprits communs ; et je vous laisse juger de la proportion de personnes supérieures qui entrent dans cette catégorie. la manière d'un praticien de campagne.

"Vous pensez avec le vieux poète", a déclaré M. Haveloc .

"Les étoiles ne sont pas plus éloignées de la terre, Que le profit ne vient de l'honnêteté !"

"C'est très bien dit", remarqua Mme Fitzpatrick, "à qui est-ce ?"

"Beaumont et Fletcher", répondit-il.

"Je voudrais que tu nous lises La fidèle bergère," dit Aveline, "tu devais le faire à Sorrente, seulement tu n'avais pas l'auteur avec toi."

« Volontiers, si vous en êtes d' humeur , » dit M. Haveloc ; "mais d'abord, Miss Fitzpatrick, je dois vous voir un peu plus à l'aise ; je vais commander un tas de coussins et vous installer comme 'Lalla Rookh ', avant de commencer à lire."

"Oh ! quel Sybarite !" s'écria Aveline en lui disposant sur le pont une pile de coussins de soie rouge, regarde, maman !

"Je suis très reconnaissante envers M. Haveloc ", a déclaré Mme Fitzpatrick, "et je me sens très peu disposée à me disputer avec ses équipements luxueux , car en réalité, Aveline, vous commencez à avoir l'air plutôt pédé."

"J'espère qu'il est intelligent, ce praticien de campagne", a déclaré M. Haveloc , levant brusquement les yeux de sa tâche.

"Intelligent!" s'écria Aveline. "Maman serait très offensée par quiconque aurait la présomption de la qualifier de M. Lindsay intelligent. C'est un homme d'un excellent jugement, M. Haveloc ."

"J'en suis heureux", a déclaré M. Haveloc , "pour votre bien."

Aveline sourit et s'installa pour écouter.

La journée était belle, la côte au loin se réduisait à un tableau miniature imprégné des teintes les plus délicieuses et les plus variées. L'air était chaud et calme, et rien n'interrompait le silence si ce n'est le battement d'une voile et le doux bruit de l'eau qui montait et descendait lentement contre les flancs du navire.

"Nous ne faisons que peu de chemin", a déclaré M. Haveloc .

— Cela n'a pas d'importance. Il est agréable de rester au mouillage. Et si nous étions encalminés au milieu du Pacifique ? dit Aveline.

"Avec une journée de déjeuner à bord", a déclaré M. Haveloc .

— C'est bien agréable d'avoir couru un grand danger, quand tout est fini, dit Aveline.

"Cela fait le plaisir des rêves horribles", a déclaré M. Haveloc .

"Mais ils ne sont pas distincts, assez réels", a déclaré Aveline. " Tout semble se passer à travers un verre dépoli."

"On croirait que vous avez pris de l'opium, Miss Fitzpatrick", dit M. Haveloc en riant.

"C'est ce qu'elle fait régulièrement", a déclaré Mme Fitzpatrick avec un regard anxieux et en fixant ses yeux sur son visage.

Il parut surpris et peiné, ouvrit précipitamment le livre et commença à lire.

Aveline était enchantée par « la fidèle bergère ». A moitié levée sur ses coussins, les joues rouges et les grands yeux transparents grands ouverts, elle craignait de perdre un seul mot.

"C'est sûrement la pastorale la plus brillante jamais écrite", dit-elle alors qu'il déposait le livre à la fin du premier acte.

"L'aimez-vous mieux que 'Comus'?", a-t-il demandé.

"Je n'aime pas les comparer", a déclaré Aveline. "Mais il semble y avoir beaucoup moins d'effort dans les vers de Beaumont et Fletcher. Et quelle simplicité majestueuse dans l' ouverture, — quelle richesse dans les mouvements lyriques ! Ils semblent avoir été inspirés par le soleil fauve des îles grecques ; tandis que tout le paysage boisé semble scintiller de la rosée fraîche d'une nuit d'été anglaise.

"Et puis le 'Comus' de Milton souffre du léger désavantage de ne pas avoir été écrit en premier", a déclaré M. Haveloc .

" Ah ! tu veux insinuer qu'il a emprunté quelques idées, " dit Aveline en riant.

"Oh ! il n'a jamais emprunté ; c'était un vol de grand chemin, un piratage, Miss Fitzpatrick."

"Vous n'aimez pas Milton, je vois", dit Aveline.

"Non. Tous ses sentiments étaient violemment personnels. Sa théorie du divorce était suggérée par son mécontentement aigre à l'égard de sa femme. Sa démocratie par le parti qu'il épousait. Sa religion était la dure bigoterie de sa faction, pas celle qui améliore l'individu. Et l' anecdote tant admirée selon laquelle il a mis ses filles en cloque pendant la nuit pour écrire ses vers, me semble l'exemple le plus cool de vanité égoïste dont je puisse me souvenir maintenant. Imaginez, Miss Fitzpatrick, que vous soyez brutalement réveillée d'un rêve délicieux pour écrire le plomb. strophes de « Paradis retrouvé ».

— Maman croit que tu parles de trahison, dit Aveline.

"Tout ce que je sais de bien de lui, c'est que lorsqu'il s'était emparé d'un mauvais principe, il le tenait constamment", a poursuivi M. Haveloc . « Vous savez qu'il a persisté à refuser la place que Charles II avait eu la générosité de lui offrir.

«C'était généreux», dit Aveline, «car la poésie de Milton n'avait pas encore reçu l'empreinte du temps, et Charles n'était pas obligé, par opinion, d'être libéral envers l'auteur du Paradis perdu.»

Ils continuèrent à converser sur une variété de sujets jusqu'à ce qu'il soit temps de déjeuner ; et puis M. Haveloc ne permettrait pas qu'Aveline bouge. Il apporta sur le pont tout ce qu'il pensait qu'elle pouvait imaginer et la servit avec le plus grand soin.

Il a toujours été morbidement affecté par la maladie. S'il avait un domestique malade, rien ne pourrait égaler sa bonté et son attention ; et, par conséquent, il n'était pas surprenant qu'il montre tant de sollicitude pour le confort d'Aveline.

Au cours de l'après-midi, elle a commencé à avoir très froid. Un châle après l'autre était enroulé autour d'elle sans effet. M. Haveloc était alarmé, mais Mme Fitzpatrick a déclaré qu'il en était toujours ainsi à cette époque et que cela disparaîtrait. Mais lorsqu'il mourut, Aveline était dans un tel état d'épuisement qu'elle pouvait à peine monter dans le bateau qu'on descendait pour la conduire au rivage. Une brise fraîche s'était levée ; l'atterrissage a été plutôt difficile. Le bateau n'a pas pu être rapproché suffisamment de la jetée. M. Haveloc , après avoir échangé quelques mots chuchotés avec Mme Fitzpatrick, sauta, les genoux dans l'eau, prit Aveline dans ses bras et la porta non seulement jusqu'à la terre ferme, mais aussi à travers les bardeaux et sur le sentier rocheux jusqu'à leur cottage, et la placèrent en sécurité sur le canapé de la fenêtre du salon , tandis que Mme Fitzpatrick, qui avait été aidée par l'intendant, entrait par les portes vitrées.

Aveline était très choquée, mais qu'aurait-on pu faire ? Elle était incapable de marcher et le choix reposait entre M. Haveloc et le steward.

M. Haveloc commença à présenter ses excuses, mais ils rirent tous les deux avant qu'il ait fini. Il insistait sérieusement sur ses services supplémentaires auprès des dames ; il souhaitait être utile pour aller chercher leur médecin.

Aveline rit et lui assura qu'elle n'était pas pire que d'habitude. Elle savait à peine ce que M. Lindsay lui dirait si elle le convoquait pour rien. Il était très impitoyable envers les maladies imaginaires.

Il pouvait à peine cacher le triste intérêt qu'elle inspirait. Si atténué, si brillant d'une excitation fébrile. Mais prenant un air gai, il prit son chapeau, dit à Mme Fitzpatrick qu'il l'attendrait le lendemain matin, pour savoir si elle lui avait pardonné d'avoir fatigué sa fille, et pria Aveline de faire le meilleur visage possible. cela importe, de peur que Mme Fitzpatrick ne mette un terme à toutes les excursions à l'avenir.

CHAPITRE VII.

Celui qui veut fuir la souffrance doit mourir,
Car la vie est la souffrance, et le remède à la vie est la mort. La terre, la mer,
l'orbe radieux du jour, Le ciel étoilé, le doux éclat de la lune , Tout
cela est beau, le reste c'est la peur et le chagrin ; et si quelque chose de bon
peut sembler bénir ton sort, ne considère pas cela comme du bonheur.
ÉSOPE.

Le lendemain matin, aussi tôt qu'il pouvait espérer être admis, M. Haveloc se
rendit chez Mme Fitzpatrick, emportant avec lui une grappe de belles fleurs
de la passion. Alors qu'il approchait du porche, un monsieur montait à cheval
pour s'éloigner, qui ressemblait à un médecin et n'était, en fait, autre que M.
Lindsay. Le bon docteur jeta à M. Haveloc un regard aigu en passant devant
lui, accompagné d'un léger hochement de tête, ce qui pourrait signifier que
s'il venait là en prétendant, sa course était vaine.

M. Haveloc , ne donnant pas cette interprétation au geste, craignit
simplement que Miss Fitzpatrick ne soit pire, sonna, fut admis et entra.

Aveline était allongée sur le canapé, dessinant sur un petit support posé sur
la table à côté d'elle. Elle a tendu la main par-dessus le stand à M. Haveloc et
lui a assuré d'un ton ludique qu'elle avait tenu parole et qu'elle n'avait raconté
à M. Lindsay aucune histoire de ses activités homosexuelles hier.

Mme Fitzpatrick lui serra la main en silence.

Il alla voir le dessin d'Aveline.

« Magnifique ! Miss Fitzpatrick, » s'écria-t-il ; "Combien de progrès as-tu fait
dans l'art depuis que tu as traversé les Alpes ?"

"Tu crois ? Pas tellement", dit Aveline en posant son pinceau. " Il y a quelque
chose qui ne va pas dans la coloration de mon ciel. Mais ces passiflores,
comme c'est splendide ! Votre villa produit-elle de tels trésors ? "

"Veux-tu venir voir ?" il a dit. "Je ne sais pas ce que Mme Fitzpatrick dira si
j'essaie de vous attirer à nouveau ; mais si vous avez vraiment récupéré de
votre fatigue..."

"Parfaitement", dit Aveline; "En fait, je me suis tellement amusé que cela a
tout à fait contrebalancé le final de l'expédition."

" Qu'en dites-vous, Mme Fitzpatrick ? " demanda M. Haveloc en regardant
à travers sa lorgnette le dessin d'Aveline. "Un peu d'indigo, je pense,
remettrait ce ciel en ordre."

"Fais-le pour moi", dit Aveline en lui offrant un pinceau.

"C'est une considération sérieuse", a déclaré Mme Fitzpatrick, essayant de paraître joyeuse. "Tout va disparaître", a déclaré M. Haveloc , continuant à parler du ciel.

"Je parlais de la visite de votre villa", a déclaré Mme Fitzpatrick.

"Oh! Miss Fitzpatrick, vous n'avez aucune idée du petit animal singulier que le propriétaire de mon chalet de pêche m'a imposé", a déclaré M. Haveloc . "Je crois vraiment que je vais l'acheter et l'emmener avec moi. Un poney norvégien , sagace comme un chien et couvert de longs poils que je ne peux comparer qu'à des touffes d'herbe en lambeaux."

"Je veux le voir", a déclaré Aveline.

Elle avait été tellement habituée à ce que sa mère exauce tous ses désirs, que, sans être égoïste du tout, elle tenait presque pour acquis que toutes ses fantaisies devaient être immédiatement exaucées.

M. Haveloc était très amusé par ses manières.

"Vous le verrez quand vous le voudrez", dit-il. "Supposons que je l'amène ici demain et que vous le conduisiez au chalet de pêche."

"Oh, maman ! ce serait bien", dit Aveline.

"Mon prédécesseur avait un grand goût pour le jardinage", a déclaré M. Haveloc . "Sa petite serre est entièrement recouverte de plantes aériennes, et il possède des plantes aquatiques de valeur et de rareté égales."

"Oh ! mais il faut voir les plantes, maman", dit Aveline.

"Je ne pense pas encore", a déclaré Mme Fitzpatrick; "Aveline ferait mieux de faire d'abord un court trajet pour essayer ses pouvoirs, car la villa doit être à trois kilomètres de là ; et je ne la pense guère à la hauteur de cet effort."

"Oh ! envoyez Mark chercher le poney , M. Haveloc ", dit Aveline avec empressement. " Je vais rendre visite à la pauvre Mme Brand ; car il y a si longtemps que je n'ai pas parcouru cette route escarpée. Ah ! le matin après mon retour à la maison ; c'était la dernière fois que j'ai pu faire une si longue promenade. "

Mme Fitzpatrick est restée silencieuse. M. Haveloc pouvait voir qu'elle était inhabituellement déprimée ce jour-là à propos de sa fille. "J'irai le chercher moi-même", a déclaré M. Haveloc . "Je crois qu'il y a une amazone dans l'écurie, mais je sais à peine ce que je possède, car je n'ai pas mes chevaux avec moi."

"Mais pourquoi ne pas envoyer Mark ?" dit Mme Fitzpatrick.

"Parce que je n'ai rien à faire sur terre", a déclaré M. Haveloc . "Je veillerai à ce que le poney soit nettoyé. Je trouverai la selle, dont je sais qu'elle ne sera pas trouvée si je ne la cherche pas, et je l'amènerai ici dans la moitié du temps qu'un domestique y consacrerait."

"Oh ! merci", dit Aveline.

"Mme Fitzpatrick semble à moitié réticente à me confier à nouveau votre garde", dit M. Haveloc en se levant.

"Non, en effet", a déclaré Mme Fitzpatrick, "ma réticence est simplement de vous occasionner une promenade dans la chaleur, alors que mon domestique pourrait si facilement vous épargner la peine."

Il revint avant qu'ils ne l'aient cru possible et conduisit le poney jusqu'à la fenêtre du salon pour l'inspection d'Aveline.

Elle en était ravie. La créature était bien proportionnée, avec un œil sagace et une petite tête, à moitié cachée sous une forêt de crinière. Ses cheveux poussaient en touffes abondantes, comme de l'herbe desséchée, et en grande partie de cette couleur ; de sorte que si les chevaux sont sujets aux mêmes illusions concernant leur apparence personnelle qui accompagnent habituellement la race humaine, il est probable qu'il s'imaginait d'une blancheur comme la neige.

Aveline avait hâte de partir directement ; mais Mme Fitzpatrick conseilla que, comme le soleil était encore très puissant, M. Haveloc devrait dîner avec eux et les escorter ensuite. Il accepta volontiers cet arrangement et passa le temps jusqu'à leur dîner matinal à errer dans le joli jardin et les arbustes avec Mme Fitzpatrick ; tandis qu'Aveline, allongée sur une chaise basse près de la fenêtre, avait le plaisir de le garder continuellement en vue.

Le découragement de Mme Fitzpatrick augmentait lorsqu'elle était loin de sa fille. Elle parlait rarement, et les quelques mots qu'elle prononçait étaient de cette voix basse et faible qui est un indice suffisant pour celui qui éprouve une détresse mentale.

M. Haveloc a immédiatement abordé le sujet.

"Je suis vraiment désolé", dit-il, "de constater que Miss Fitzpatrick est si peu capable de supporter la fatigue. J'espère que vous avez vraiment des raisons d'être parfaitement satisfaites de votre médecin-conseil."

" Tout à fait , " dit Mme Fitzpatrick en tournant vers lui son visage pâle comme la mort, " tout ce qui était possible a été fait. "

" Bon Dieu ! vous ne voulez pas dire... " s'écria-t-il, " vous ne pouvez pas si entièrement... "

Mme Fitzpatrick secoua la tête. Il parut très choqué ; mais il était clair pour elle que ses manières n'étaient pas celles d'une personne qui ressentait une nuance d'attachement pour sa fille, ni quoi que ce soit au-delà de la sympathie naturelle que le sort précoce d'une créature aussi intéressante doit éveiller. Connaissant l'état de santé trop certain d'Aveline, elle ne pouvait guère regretter qu'il lui soit épargné la misère d'aimer sa fille : son seul souhait était de le garder près d'elle tant qu'elle vivrait. Dans l'état de faiblesse d'Aveline, elle était certaine de ne pouvoir supporter la douleur d'être à nouveau séparée de lui ; et elle parvint à une résolution à la fois digne et singulière. Elle résolut de lui demander de continuer ses visites aussi longtemps que sa fille serait capable d'en tirer satisfaction.

Après une pause douloureuse de quelques instants, il renouvela lui-même le sujet.

« Il est si naturel que vous soyez nerveux ; si raisonnable que vous devriez voir son cas sous un jour plus décourageant que celui de quiconque », dit-il ; " on oublie qu'elle a la jeunesse, le repos, tous les soins qu'on peut prodiguer au malade le plus délicat ; il y a tant de choses en sa faveur . "

" Et ne pensez-vous pas, " dit Mme Fitzpatrick, " que je me suis dit tout cela mille fois. Que j'ai prié, lutté, espéré, jusqu'à ce que l'espoir soit vain ? "

Il avait l'air très affligé ; en réalité, c'est bien plus le cas pour Mme Fitzpatrick que pour Aveline. Il avait pour la mère une grande estime, une amitié sincère ; pour sa fille, il éprouvait simplement l'intérêt que sa santé précaire venait d'éveiller.

"Mais n'y a-t-il rien", dit-il avec empressement, "un traitement différent, un climat plus chaud. Pourquoi ne pas essayer Madère ? Tant de gens en ont tiré profit..."

"Parce qu'en été, aucun climat ne peut surpasser le nôtre dans cet endroit", a déclaré Mme Fitzpatrick, "et Aveline ne vivra pas assez longtemps pour être éprouvée par un autre hiver."

Il y avait quelque chose de choquant dans son calme. Il la regarda comme s'il ne comprenait pas ce qu'elle disait.

« Malgré tout chagrin, » continua-t-elle, comme pour répondre à une pensée qui lui était propre, « cela vous épuise, ou vous l'épuisez, donc il y a une fin dans un cas comme dans l'autre ; et une grande fin, M. Haveloc , dans l'éducation. de l'âme. Une fin si importante, que nous ne devrions pas reculer si lâchement devant l'agonie des moyens.

"J'aimerais sincèrement qu'il soit en mon pouvoir de vous offrir une consolation ou un soulagement", dit-il, "mais c'est un cas dans lequel les mots sont vains."

"Et pourtant, il y a une chose, M. Haveloc , que, si le sort d'Aveline était moins sûr, je ne pourrais jamais vous proposer. Votre société est un amusement pour elle, et dans la maladie, toute jouissance est si réduite que je crains pour elle. la moindre privation. Puis-je vous demander de nous consacrer une partie de votre temps pendant que vous restez dans le quartier ; puis-je même vous demander de prolonger votre séjour au-delà de ce que vous aviez initialement prévu. Si elle devait s'attarder... "

Sa voix lui faisait défaut.

"Très volontiers, ma chère Mme Fitzpatrick", s'écria-t-il avec empressement, "la maladie admet peu de soulagements. Je serais reconnaissant, en effet, si je pouvais apporter un quelconque réconfort à votre fille ou à vous-même."

" Vous voyez combien je suis devenu désespéré ", dit Mme Fitzpatrick avec un sourire, " pour exiger de vous une retraite si mélancolique. Vous, dont la richesse et la position vous rendraient si bienvenu, si caressé dans la société en général. Mais toutes les considérations donnent chemin vers l'approche de la mort.

"Bon Dieu ! Pouvez-vous croire qu'une telle pensée puisse avoir un instant de poids sur moi ?" dit-il précipitamment, la vie est-elle un jeu de mai pour que nous ne comptions que les heures consacrées aux festivités et au plaisir ? Je m'estime heureux de pouvoir être avec vous dans un moment de tant d'anxiété et de détresse.

"Je pensais cela de vous. J'avais toutes les raisons de le penser", dit Mme Fitzpatrick en serrant la main qu'il lui tendait, "restez, voilà Aveline; qu'est-ce qui pourrait la faire sortir?"

Alors qu'elle se tenait au bout de l' étroite avenue ombragée leur faisant signe, le doux flottement de sa robe blanche et le contour sombre de sa silhouette semblaient un vague pressentiment du sort qui l'attendait. M. Haveloc se précipita à ses côtés.

« Vous venez dîner, vous deux ? " dit-elle en plaisantant, " je n'ai pas envie d'attendre, puisque je ne peux pas commencer mon voyage tant que cette affaire n'est pas terminée. "

" Et ne pouviez-vous pas nous envoyer un domestique, dit-il, était-il nécessaire que vous vous fatiguiez en sortant dans la chaleur ? Je fermerai le poney si vous commettez des imprudences . Prenez mon bras et gardez-le. " à l'ombre."

— Vous me donneriez l'impression d'être si malade, dit Aveline en s'appuyant sur lui. "Je ne désespère pas encore de faire un bon galop sur le poney . Oh ! Monsieur Haveloc , vous ne m'avez pas dit son nom. Qu'est-ce que c'est ?"

" Hakon Jarl."

"Délicieux ! Maman, as-tu déjà entendu un tel nom ? De la tragédie d'Oehlenschläger . Il prendra du pain sur notre table."

Et Aveline a tenu parole et a nourri le poney depuis la fenêtre au lieu de manger son propre dîner.

CHAPITRE VIII.

Maman. Alors tu ne crois pas, Arnold, aux étoiles ?
Ar. Oui, dans les étoiles, quand, par une nuit d'hiver,
elles se tiennent aussi épaisses que des gouttes de rosée fraîchement gelées
sur la voûte sombre du ciel, ou quand elles se reflètent
dans la mer agitée, ou se faufilent
lentement et s'évanouissent dans le ciel
d'été . Mais pour ces étoiles interprètes ignorants, ils valent à peine le
mépris de l'incrédulité.
ANON.

Aveline déclara qu'elle ne se laisserait pas dépouiller de sa promenade lorsque
la soirée viendrait dans toute sa fraîcheur ; mais M. Haveloc dit qu'il voyait
qu'elle était languissante ; que le matin était le moment propice pour faire de
l'exercice, et que Hakon Jarl serait son compagnon le lendemain, lorsqu'il
présenterait ses respects à Mme Fitzpatrick.

" Ah ! tu viendras demain, c'est bien, " dit Aveline, " mais ne me laisse pas
partir sans une promenade ce soir ; laisse-moi faire un tour juste autour du
jardin. "

M. Haveloc jeta un coup d'œil à Mme Fitzpatrick.

"Oui, laisse-la faire", dit-elle d'un ton découragé.

Le poney fut amené à la fenêtre ; Aveline fut soulevée, et M. Haveloc ,
prenant les rênes, le conduisit à travers les buissons et le long de la large
terrasse.

"Je me demande s'il pourrait descendre les marches sur le sable", dit Aveline.

"Il pourrait, je n'en doute pas", dit M. Haveloc , "mais vous..."

"Je devrais tellement apprécier de rouler sur le sable au clair de lune", dit
Aveline. "Oh ! Je suis assez fort, n'ayez crainte."

M. Haveloc conduisit prudemment le poney sur les marches abruptes et sur
les galets jusqu'au sable, qui s'étendait maintenant au loin et à sec, la marée
étant au plus bas.

"Comme je suis heureuse que nous vivions au bord de la mer", dit Aveline.
"C'est délicieux pendant une partie de l'année", a déclaré M. Haveloc . "Je ne
devrais pas m'en soucier en hiver."

"Mais c'est en hiver," dit Aveline, "que les vagues sont si fortes ; on les verrait
courir contre ce promontoire par une nuit d'orage ; quand on aperçoit là
l'écume projetée haut contre le sommet même du rocher. , juste au moment
où le vent a déchiré les nuages et a laissé échapper un instant la lune. Je ne

voudrais pas manquer la mer en hiver. Et puis le bruit rauque des vagues sur les bardeaux s'amplifie lorsqu'il se mélange avec le vent du nord bruyant. Et la vague bout et gonfle, puis l'écume blanche se sépare et montre l'eau sombre et colérique en dessous. Non ! les arbres et les champs sont stériles en hiver ; mais il y a toujours de la vie dans la mer !

"Et cette créature est pendant tout ce temps lentement et invisiblement emportée vers la tombe", pensa-t-il, "si pleine de la meilleure partie de la vie : l'intellectuel !"

"Vous pensez!" dit Aveline.

"Et toi aussi ; seulement tu as pensé à voix haute", répondit-il.

" Ah ! regardez, M. Haveloc , ils mettent à l'eau un bateau ; allons quelques pas plus loin et voyons-les. N'aimez-vous pas le bruit rauque, et les éclaboussures, et les voix des pêcheurs ensemble. Voyez, juste dans le chemin de la lune; et maintenant ils sont à nouveau dans l'ombre. Quand j'étais enfant, j'enviais les pêcheurs lorsque je les voyais commencer par une soirée lumineuse comme celle-ci, pour leur joyeuse nuit de pêche.

"Et ils vous enviaient peut-être que vous alliez profiter d'une bonne nuit de sommeil, au lieu d'être mouillé et fatigué, et de ne pas savoir s'ils attraperaient suffisamment de poisson pour acheter leur petit-déjeuner du lendemain."

"Peut-être", dit Aveline. "Peu de gens m'envieraient maintenant."

"Parce que tu es en mauvaise santé."

"Oui. Ne crois-tu pas que maman soit très déprimée aujourd'hui ?"

"Elle m'a semblé être ainsi."

"M. Lindsay lui dit la vérité", dit Aveline, "c'est un réconfort pour moi d'en être sûr ; car il me dirait la vérité si je le lui demandais."

"C'est un réconfort", a déclaré M. Haveloc , "au moins, quoi qu'il m'arrive , j'aimerais mieux le savoir."

"Avez-vous déjà fait prédire votre avenir, M. Haveloc ?"

"Non, jamais. Oh, oui, j'ai oublié ! On m'a prédit l'avenir une fois près de Rome, dans la Campagne."

"Par un bohémien ?"

"Un bohémien régulier, avec un visage comme la tête de Memnon au Musée ; de longs yeux, des traits massifs, et la lèvre supérieure et inférieure d'égale épaisseur."

"Qu'est-ce qu'elle t'a dit ? Essayez de vous en souvenir."

"Laissez-moi réfléchir", dit M. Haveloc en s'appuyant contre le cou du poney, "elle m'a d'abord demandé une couronne."

"Bien sûr que vous l'avez donné ; mais une telle somme aurait dû vous rapporter une très belle fortune."

" C'est ce que semblait penser la Sybil, car elle m'a dit que j'étais très aimé d'une jeune dame aux yeux sombres. "

Aveline tremblait.

"Tu as froid, nous allons finir la diseuse de bonne aventure dans la maison."

"Non, non, continuez ici."

"Laissez-moi le ramener au jardin, vous oubliez que je suis responsable de votre bien-être envers Mme Fitzpatrick. Je continuerai, même si je ne savais pas que vous étiez superstitieux."

"Oui, je le suis, à propos des gitans ."

"Eh bien, j'ai osé laisser entendre que ces événements agréables parlaient toujours mieux quand il y avait un fort contraste entre les parties, et que je serais obligé envers la Sybille de fournir à ma jeune dame des yeux bleus avant qu'elle n'aille plus loin. Mais mon Zingara n'était pas si accommodante, 'elle n'aimait pas,' dit-elle, 'jouer avec les étoiles ; la dame aux yeux noirs insistait pour être attachée à moi. Mais elle me causerait un malheur incroyable.'"

"Ah!" s'écria Aveline en élevant presque la voix jusqu'à un cri, qu'a-t-elle dit. Dis-moi comment... qu'est-ce qui s'est passé ensuite ?

"Je vais vous dire, Miss Fitzpatrick," dit-il en conduisant le poney dans l'escalier de pierre, "quand j'avais beaucoup d'années plus jeune, je restais assis à raconter des histoires de fantômes à Noël, jusqu'à ce que j'aie peur de regarder derrière moi. " Mais je n'ai jamais entendu dire que ce sport était bon pour un invalide. Vous avez autant peur des bohémiens que moi des fantômes. Nous parlerons d'autre chose. "

"Non, mais finis, je t'en supplie", dit Aveline d'un ton doux.

"Pourquoi la Sybille m'a dit que je devrais survivre à cette blessure, quelle qu'elle soit ; mais elle a refusé d'être plus explicite. Elle a également dit que je devrais être très heureux d'ici et au revoir, peut-être qu'elle voulait dire au paradis. Je l'espère. Mais j'ai donné lui a donné une autre couronne et lui a souhaité bonne journée.

"Ah!" dit Aveline, ma bohémienne a été plus explicite.

"Où as-tu récupéré le tien ?"

"Ici, au bord de la mer."

"Et quelles nouvelles t'a-t-elle donné pour ton argent ?"

"Elle me l'a dit, dois-je le répéter ?"

"Oui, fais-le ; pour que je puisse te rire de ça ?"

"Elle m'a dit que je devrais briser le cœur de la personne que j'aimais le plus et que je devrais mourir jeune."

"C'était une idiote !" dit M. Haveloc .

" Ah ! ma mère. Ne lui briserai-je pas le cœur ? " dit Aveline avec un brusque éclat de larmes.

"Jamais; vous êtes en mauvaise santé et attachez un sens aux mots dont vous ririez si vous étiez plus fort. Je crois que la pire souffrance de la maladie est l'abattement qu'elle provoque. Vous ne devriez pas vous laisser accabler à ce point. ".

"Mais si je meurs—"

" Mais ne le crois pas. La femme a vu que tu avais l'air délicat et a pensé qu'elle pourrait tirer profit de son avertissement. J'aimerais... " Aveline lui saisit la main. Une gitane s'avançait vers eux de l'autre bout de la terrasse. Il ne savait pas quoi faire ; il craignait de quitter Aveline un seul instant, de peur qu'elle ne s'évanouisse ; et plus encore il craignait de laisser la femme s'approcher pour parler.

"N'ayez aucune crainte pour moi. Elle ne peut rien dire que je ne sache", a déclaré Aveline.

"Voulez-vous vous faire prédire l'avenir, ma jolie dame et mon joli monsieur", dit la femme en s'avançant avec les gestes insinuants de sa tribu.

"Non, il y a de l'argent pour vous", dit M. Haveloc en jetant à la femme sa bourse lourde d'or, "il y en a plus que vous ne pourriez gagner. Partez maintenant, vite, la dame est malade."

"Est-ce qu'elle voudrait", dit la bohémienne.

"Non, je vous le dis. Partez tout de suite. Vous n'avez rien à faire ici !"

La bohémienne fit en l'air avec sa main un signe qui l'effraya ; il lui sembla qu'elle traçait le contour d' un cercueil : — puis elle riait, se retournait et disparaissait.

— C'est pareil, dit Aveline en tremblant.

"C'est le bohémien de la Campagna", dit-il au même moment.

"Qu'en pensez-vous?" dit Aveline en l'aidant à descendre de cheval et en la soutenant jusqu'au canapé. "N'est-ce pas comme si elle venait assister à l'accomplissement de sa prédiction ?"

"Au contraire. Elle est venue sachant qu'il était plus facile d'effrayer les gens que de mendier de l'argent", dit-il en prenant une chaise à côté d'elle. "Mais votre homme devrait mieux surveiller."

" Ce n'est pas sa faute. Rappelez-vous que la terrasse est ouverte à une extrémité ; mais la falaise est si escarpée que nous la considérons toujours comme sûre. Voici maman, parlons-lui. "

Aveline parut à nouveau plus gaie. La table du souper était rapprochée du canapé. Elle raconta l'apparition de la bohémienne en riant et essaya de faire croire que M. Haveloc avait été très effrayé.

— Avouez, dit Aveline, qu'elle vous a fait craindre physiquement.

"Je le possède", a-t-il répondu. "Vous ne direz plus jamais de moi que je ne sais pas ce qu'est la peur."

Mme Fitzpatrick lui fit un sourire reconnaissant. Elle pouvait facilement comprendre pour qui il avait été alarmé.

"Je crains que vous n'ayez en aucun cas *quitté pour le peur* ", dit Aveline en se servant de la salade. "Pense seulement, maman, à ce qu'il jette sa bourse à ce misérable. C'est tellement extravagant."

"Très faux, en effet", a déclaré Mme Fitzpatrick.

« Mais quand on a peur, dit-il en riant, que faire ? Quand mon domestique me demande ce qu'est devenue ma bourse, je dois dire que j'ai été arrêté par un coussinet.

"Votre serviteur vous demandera-t-il des comptes ?" demanda Aveline en ouvrant de grands yeux à l'idée qu'on prenne à partie M. Haveloc .

"Je ne devrais pas m'étonner. C'est un très vieux serviteur, et il dit et fait à peu près ce qu'il veut."

— Comme j'aimerais vous entendre continuer ensemble, dit Aveline en souriant.

"Oh ! cela se résume rarement à un duo. Il se décharge généralement l'esprit la nuit ; et quand je suis fatigué de dire oui et non, je m'endors et j'échappe ainsi à la fin de la conférence."

"Je voudrais savoir, si ce n'était pas indiscret, sur quoi portaient les conférences ?"

"Généralement financier. S'il pense que j'ai payé un cheval plus qu'il ne vaut, il lui faut beaucoup de temps avant de s'en remettre. Il a été très choqué lorsque j'ai acheté ce fléau de yacht; et à Rome, il était un tourment perpétuel. Je pouvais à peine regarder une photo, ou une apparition, sans qu'il laisse entendre que je devrais terminer ma carrière au Banc de la Reine.

"Mais cela montre beaucoup d'attachement", dit Aveline ; "On voit trop peu ce sentiment de nos jours. Mais nous sommes très chanceux. Mme Grant était un trésor."

« Dois-je venir demain, Mme Fitzpatrick ? » dit M. Haveloc en se levant. "Miss Fitzpatrick ne rencontre que des malheurs lorsque j'en ai la charge."

"Oh, viens!" dit Aveline, "bien sûr, et laissez le poney ici. Mark a dit qu'il pouvait l'héberger, et ce serait quelque chose à caresser. Je me nourrirai demain."

"Là Aveline, tu ne dois plus rester assise", dit Mme Fitzpatrick.

"Je suis toute obéissance", dit Aveline en se levant. "Bonne nuit, M. Haveloc , j'espère que vous ne rencontrerez pas notre gitane en rentrant chez vous."

CHAPITRE IX.

Nos joies sont apparentées aux chagrins – avec le temps cessera
Le terme de santé la plus saine : la maladie Habite notre maison et ouvre
une porte à la mort.
Souvent, au milieu des vents favorables et des cieux d'été,
les brisants de la destruction s'élèvent follement et détruisent nos espoirs
sur le rivage rocheux.
AGAMEMNON.

Si M. Haveloc n'avait pas été entièrement absorbé par son affection pour
Margaret, il eût été presque impossible de se retrouver autant dans la société
d'Aveline, et dans des circonstances d'un intérêt si touchant, sans s'attacher
chaleureusement à elle.

Sa compréhension était plus mûre, son imagination plus brillante, ses
connaissances plus vastes que celles de Margaret. Elle n'avait pas été dans un
pensionnat ; et elle avait tiré de l'esprit réfléchi de sa mère plus d'éducation
que de tous ses maîtres. Elle était moins belle que Margaret, moins gracieuse,
mais plus élégante ; il y avait plus de style dans son apparence et moins de
simplicité. Elle paraissait donc plus âgée qu'elle ne l'était, et Margaret plus
jeune. Et dans les détails de la vie domestique, elle était peut-être plus formée
que Marguerite, pour intéresser l'imagination et exciter l'attention.

Elle avait l'habitude de faire toutes ces petites exigences sur la sympathie et
l'assistance de ceux qui l'entouraient, que l'on voit si constamment chez les
femmes françaises, et qui attirent généralement les hommes de ce pays, peut-
être à cause de leur contraste avec les habitudes plus tranquilles et
indépendantes. des femmes anglaises en général.

Si elle voulait donner à la petite Jane un bonnet et un manteau, M. Haveloc
et sa maman étaient convoqués à table et étaient obligés d'examiner les
modèles que la servante avait apportés de la ville voisine et de discuter de la
couleur et de la mode des vêtements. . Et M. Haveloc fut prié de se rendre à
la maison de Brand et de regarder l'enfant pour voir si le rouge ou le bleu lui
irait le mieux ; et de s'enquérir de la santé de Mme Brand, et de demander au
meilleur des deux Toms, s'il avait déjà pu trouver ce spécimen d'algue que
Miss Fitzpatrick voulait compléter ses commandes de Cryptogamia .

Les personnes qui passent leur vie à errer d'un endroit à l'autre ne savent pas
à quel point elles perdent de l'intérêt en n'ayant pas de lieu de résidence stable.
Tant de petites bagatelles élégantes s'accumulent dans une maison qu'on ne
peut jamais emballer et transporter d'une résidence louée à une autre. La
maison de Mme Fitzpatrick était exactement le genre de maison où l'on
pouvait se prélasser délicieusement le matin. Des chaises et des canapés de

tous motifs étaient dispersés dans la pièce ; attirés par les tables sculptées, ou placés de manière tentante près de la grande fenêtre ouverte, d' où l'on pouvait immédiatement entrer dans le jardin, où les plus belles fleurs remplissaient l'air de leur parfum et semblaient envahir les paniers en fil de fer dans lesquels elles étaient plantées. . Les tables étaient jonchées de livres et d'estampes ; avec des camées, des sculptures et des miniatures de choix. Le tableau d'Aveline était généralement sur un pupitre de lecture près du canapé, et un petit bac à lave contenant des outils de modelage se trouvait sur une dalle à l'extrémité de la pièce, recouvert d'un mouchoir en batiste avec une bordure étrangère de couleurs brillantes .

Mme Fitzpatrick se trouvait généralement assise près du canapé, travaillant à un grand métier à broder, emploi à la fois pittoresque et digne pour des personnes d'âge moyen, mais qui, chez les jeunes gens, semble être la ressource d'un esprit indolent. Aveline n'avait encore que peu d'habitudes de malade. Elle prenait beaucoup de soin à son costume, qui était généralement une mousseline richement travaillée et confectionnée à l'étranger ; avec un grand cachemère posé quelque part dans la pièce, qui l'enveloppait de la tête aux pieds lorsqu'elle avait froid. Et même s'il lui était impossible de s'occuper plus de quelques minutes à la fois, il était surprenant de constater à quel point ses manières et sa conversation étaient peu empreintes de langueur. Elle avait toujours un livre à ses côtés pour feuilleter quand elle était à l'aise, et quand ses crises d'agitation la prenaient, elle se promenait dans la pièce en arrangeant les fleurs, ou en accordant sa harpe, ou en feuilletant les beaux articles de virtú . avec lequel la pièce a été décorée. Et lorsqu'il est enveloppé dans ses couleurs vives Cachemire, elle s'étendait dans un fauteuil, avec dans ses doigts sa *bonbonnière* d'argent qu'elle maniait comme un vieux courtisan eût fait une tabatière, on n'aurait pas facilement pu faire croire à un étranger qu'il ne lui restait que quelques semaines de vie.

Il était singulier que M. Haveloc n'ait jamais soupçonné son affection pour lui. Elle qui semblait recevoir une nouvelle vie de sa présence ; qui était entièrement et exclusivement occupée de lui, qui le quittait à peine des yeux quand il venait, et qui passait son temps à l'attendre quand il était absent. Il traitait tout cela comme une fantaisie de malade et se soumettait bien plus implicitement à ses exigences que s'il avait cherché à s'attirer les bonnes grâces de son cœur.

grave affaiblit généralement l'esprit ; et dans le cas d'Aveline, cela a quelque peu atténué ses perceptions. Elle n'attachait pas le sens exact aux visites constantes de M. Haveloc , qu'elle ne pouvait manquer de faire en bonne santé. Elle avait pleuré son absence, elle était contente de sa société, et il semblait qu'elle n'éprouvait aucun désir de pénétrer dans l'avenir, ni d'anticiper le moment où ils devraient se séparer.

« Il est en retard, maman, dit un jour Aveline. "Il est certainement plus tard ce matin ; quelque chose s'est passé. Ce yacht, vous savez, il y avait beaucoup de vent la nuit dernière."

" Mon cher enfant, je vois le yacht par la fenêtre ; et je ne crois pas qu'il soit à bord depuis que nous l'avons accompagné. D'ailleurs, il ne faut pas être assez déraisonnable pour le chercher toujours à une heure. "

Aveline reprit son livre. Bientôt M. Haveloc apparut à la fenêtre du salon avec une grande fleur à la main ; une splendide fleur en forme de coupe, aux feuilles blanches teintées de rose, qui répand un délicieux parfum dans toute la pièce.

" Écoutez, Miss Fitzpatrick, " dit-il en s'approchant d'Aveline, " j'ai attendu dans un but précis ; mon nénuphar a fleuri ce matin. Avez-vous déjà vu quelque chose d'aussi beau ? "

" Et tu me l'as apporté, " dit Aveline en prenant la fleur, " comme tu es bonne. Je la mettrai directement dans l'eau. Elle aura le pot de Dresde pour lui tout seul, celui avec les baies de houx. "

M. Haveloc a apporté le pot et a sonné pour demander de l'eau.

"Et c'est un nénuphar ? " dit-elle en admirant toujours la fleur. "De cette espèce; il vient d'Amérique du Sud et est, je crois, le seul en Angleterre. J'avais espéré que c'était un lotus juste pour me rappeler la poésie de Moore. Et comment allez-vous aujourd'hui?"

"Aujourd'hui ? Charmant. Je pourrais faire toutes sortes de choses. Descendre à la plage, ou jusqu'au village ; ou jouer une fantaisie sur la harpe." Tandis qu'elle parlait, une ficelle vola. « Écoutez ; » dit-elle, "J'ai perdu une corde de harpe ; une petite corde, je pense, à en juger par le son. Regardez et dites-moi l'étendue des dégâts, M. Haveloc ."

"L'un des plus petits. Regardez... en haut, ici."

"Je dois me lever et le réparer", dit Aveline. « Les cordes de harpe sont dans ce tiroir, M. Haveloc ; puis-je vous déranger ?

Elle se leva langoureusement et se dirigea vers la harpe ; En posant sa main sur la table, elle choisit une des ficelles que M. Haveloc lui avait apportées et commença à défaire celle qui était cassée. Mais, malgré ses vantardises, ce n'était pas un de ses bons jours. Elle hésita et attrapa la harpe pour se soutenir.

"Pourquoi ne te reposeras-tu pas ?" dit-il en approchant une chaise d'elle. "Je peux mettre ton cordon, donne-moi la clé."

Aveline se laissa tomber dans le fauteuil et lui confia sa tâche.

"Mais qui t'a appris à mettre les cordes d'une harpe ?" dit-elle avec un regard inquisiteur.

"Je l'ai appris il y a des années d'un joueur de harpe qui enseignait à la sœur d'un de mes amis. Il a dit que je devrais un jour trouver cela utile. N'êtes-vous pas d'accord avec lui ?"

"À la perfection!" dit Aveline en le regardant avec un sourire.

"Et à quoi rime cette chaîne ?" » demanda-t-il après l'avoir mis.

" Ah ! tu as raison, dit Aveline, les octaves sont les rimes de la musique. Regarde, c'est l'octave. "

"Maintenant, vas-tu retourner sur le canapé ?" Il a demandé.

Aveline secoua la tête. "Je suis à l'aise ici", a-t-elle déclaré. "Je n'ai pas l'intention de bouger tant que je ne serai pas agité. Aurez-vous la bonté de m'apporter ce plateau ? Je veux examiner mes outils."

Elle jeta le mouchoir et resta assise à jouer avec ses outils et à les retourner comme une enfant.

M. Haveloc rapprocha une chaise basse de la sienne et commença à les examiner également.

"Ah!" dit Aveline en levant les yeux, j'allais justement te conseiller de t'adresser à la sculpture. C'est le plus beau de tous les arts.

"Le placez-vous au-dessus de la poésie ?" Il a demandé.

" La sculpture est poésie, dit Aveline avec empressement, seulement c'est un langage universel. C'est l'art le plus élevé. Elle est profanée comme tout est profané de nos jours, par le langage du ridicule et du burlesque. Mais tout ce qui est dans la sculpture est qui ne s'adresse pas aux sentiments les plus idéaux, devient désagréable. L'idéal est l'atmosphère de la sculpture. Il n'admet pas la caricature. Pensez aux statuettes scélérates de Danton , " et Aveline eut l'air dégoûtée.

"Ah!" dit M. Haveloc , il y en a une de Liszt, sur la cheminée du salon de ma villa, une ressemblance merveilleuse.

"Et vous ne l'avez pas mis en pièces ?" » réclama Aveline.

"Cela ne serait pas conforme à l'Idéal", a déclaré M. Haveloc . " La justice est une vertu cardinale, et je présume un sujet digne du ciseau ; et M. Litzt ne m'appartient pas. "

"Ne riez pas", dit Aveline.

"Je ne savais pas", a déclaré M. Haveloc , "que vous étiez un tel ennemi de la muse comique. Je suis sûr que vous devez aimer l'esprit."

"Oui. Mais l'esprit d'esprit est l'essence même de la prose, en opposition directe avec la poésie, qui prend toutes choses au sérieux. Et de nos jours, tout est moqué et parodié jusqu'à ce que les gens se moquent du peu d'amour qu'ils ont. parti pour ce qui est noble et beau. »

"Et puis il y aura une grande réaction ", a déclaré M. Haveloc . "Nous deviendrons tous aussi sobres que des juges dans quelques années."

« J'espère du moins, dit Aveline, que nous apprendrons à rire au bon endroit, et ce sera, non des grands, mais des petits sentiments et des actions.

"Savez-vous, Miss Fitzpatrick, que vous me considérerez coupable de trahison après votre exorde sur la sculpture. Mais vous parlez de ciseau, et vos instruments ne me rappellent rien tant que l'appareil d'un dentiste."

"Oh, maman, gronde-le!" s'écria Aveline. "C'est atroce... un dentiste aussi ! Une race de gens pour qui j'ai autant d'horreur que les Egyptiens avaient pour leurs embaumeurs."

"Eh bien, vraiment", dit Mme Fitzpatrick en levant les yeux de son travail. "Tous ces mystérieux petits instruments minces, Aveline ?"

"C'est une calomnie !" s'écria Aveline en rassemblant ses outils. "Ne vous fâchez pas, Miss Fitzpatrick", a déclaré M. Haveloc . "Je vais vous dire ce que j'admire. Ce mouchoir, la bordure est superbe. Vous l'avez acheté à l'étranger. Je connais toujours les gens qui ont voyagé, à leurs mouchoirs de couleur , ils les prendront sûrement à Paris."

"Oh ! ils sont assez communs en Angleterre, maintenant", dit Aveline. "Mais c'est une bonne bordure, le motif est Arabesque. Tu les portes, n'est-ce pas ? Laisse-moi regarder le tien."

M. Haveloc sortit son mouchoir à bord violet.

"Comment oses-tu!" dit Aveline en plaisantant, "Il est beaucoup plus beau que le mien. Quel fat."

"Changez alors", a déclaré M. Haveloc .

Aveline saisit son mouchoir avec tout l'empressement d'un enfant et lui lança le sien.

Mme Fitzpatrick regarda Aveline avec un sourire plutôt grave ; mais elle rit et le serra derrière le coussin du dossier de sa chaise, comme pour s'assurer de son nouveau bien.

"Vous vous repentirez de votre marché, mais vous ne le récupérerez pas", dit Aveline.

"Pas du tout", dit-il. "J'ai la belle bordure, et pour la finesse, je n'en sais rien."

"C'est juste l'heure du dîner", dit Mme Fitzpatrick, "J'espère, ma chère Aveline, que vous êtes prête."

"J'ai assez faim, maman. Veux-tu courir chercher Hakon Jarl, M. Haveloc ? J'entends Mark arriver avec son assiette de pain."

M. Haveloc partit aussitôt, il n'hésita jamais un instant à aucun de ses ordres.

Dès qu'il fut parti, elle sortit le mouchoir et le regarda avec un intense plaisir.

"Ah!" se dit-elle, j'ai enfin quelque chose de lui, je ne le détruirai plus.

Mme Fitzpatrick la regarda avec un soupir, mais ne dit rien. " Ce n'est plus nécessaire maintenant, n'est-ce pas, maman ? Quand je pensais que je ne le reverrais plus jamais, il n'était pas sage de garder quoi que ce soit qui me rappelle lui ; " dit Aveline en pliant et dépliant le mouchoir, et toute absorbée par ses propres pensées. "Mais maintenant que nous le voyons tous les jours..."

"Certainement, c'est tout à fait différent", dit Mme Fitzpatrick, parlant avec effort.

"Vous n'êtes pas sûr de ma santé", dit Aveline, sans remarquer l'angoisse que ses paroles causaient à sa mère, "mais vous savez que cela peut s'améliorer."

Mme Fitzpatrick, incapable de contrôler sa voix, se leva et sortit précipitamment de la pièce. C'était un exemple d'émotion des plus inhabituels chez elle, et si Aveline avait été en bonne santé, une telle circonstance l'aurait agitée au-delà de toute mesure.

« Pauvre maman, » dit-elle en regardant sa mère, « je crois qu'elle s'inquiète tristement de ma santé, et ce n'est pas étonnant ; car parfois, je désespère presque de moi-même. Mais je vais mieux maintenant. M. Haveloc conduisit le poney jusqu'à la fenêtre et Aveline le nourrit d'une tranche de pain après l'autre.

« Pensez-vous qu'il me connaît, M. Haveloc ? elle a demandé.

"Il devrait", a déclaré M. Haveloc , "mais prenez garde, Miss Fitzpatrick, il inclura vos doigts dans son menu un beau jour."

"Je suis sûr qu'il ne le ferait pas exprès", a déclaré Aveline.

" Ah ! voici M. Lindsay. Je suis vraiment content de vous voir ce matin ; maman est très basse à mon sujet. Allez la réconforter, dites-lui que je vais mieux. "

"Non, mais l'êtes-vous ?" » a demandé M. Lindsay.

"Qu'est-ce que cela a à voir avec ça ? Je ne veux pas que vous m'aveugliez, M. Lindsay, mais maman. Mais sérieusement, je ne suis pas pire que la dernière fois que vous m'avez vu."

" Je trouve donc que vous êtes à peu près pareil", dit M. Lindsay en retirant ses doigts de son pouls.

" Et il est plus important que vous me donniez une bonne parole, " dit Aveline, " parce que je compte faire demain quelque chose de très imprudent ."

" Ay ... qu'est-ce que c'est ? " dit M. Lindsay.

"Je vais à l'église, docteur", répondit Aveline.

"Vous ne pourriez pas faire mieux", dit sèchement le médecin. « Ce sera une journée glorieuse et chaude ; et la petite promenade sur cette colline escarpée vous mettra juste en condition pour rester assis deux heures sur un banc droit et inconfortable ; – allez-y par tous les moyens.

"Je pensais que vous seriez pervers, docteur", dit Aveline. "Je m'y attendais. Et laissez-moi vous dire, en premier lieu, je ne vais pas marcher. Je veux monter Hakon Jarl. Reprenez-le, M. Haveloc , je n'ai plus de pain à lui donner."

"Et pourquoi, au nom de tout ce qui est bon, ne peux-tu pas t'arrêter et dire tes prières à la maison ?" demanda le docteur.

"Parce que je ne le choisis pas, docteur. J'aime aller à l'église."

" Ah ! bien des gens pensent qu'il y a quelque chose de mystérieux dans l'air d'une église ", dit M. Lindsay. — Mais suivez votre propre voie ; il y a quelque chose de vraiment pieux dans un gros rhume pris sur un banc humide : cela envoie de temps en temps les gens au ciel avant l'heure, je vous l'accorde.

" Ah, docteur, si les gens ne vous connaissaient pas, ils ne vous trouveraient pas si bon que vous l'êtes. Maintenant, faites attention à ce que vous allez, maman. "

Mme Fitzpatrick était maintenant tout à fait calme, voire joyeuse. Elle a serré la main de M. Lindsay ; "Il l'a supplié de prendre un déjeuner lors de leur dîner matinal", et a convoqué M. Haveloc du jardin.

"Aveline est à votre charge, vous savez", a déclaré Mme Fitzpatrick, "je n'ose même pas sculpter pour elle."

« Qu'est-ce que ce sera, Miss Fitzpatrick ? » dit M. Haveloc en approchant sa chaise de la table.

— Des ris de veau, je crois, dit Aveline en se retournant, et des champignons. « Pas de champignons ; » dit M. Lindsay.

"Je vais!" dit Aveline.

M. Haveloc les a mis dans son assiette.

"Pourquoi secouez-vous toujours la tête, docteur, quand vous le regardez ?" demanda Aveline en riant ; "A-t-il tellement l'apparence d'un mauvais sujet ?"

"J'ai secoué la tête en voyant les champignons", a déclaré M. Lindsay.

"Vous voyez, docteur, son moral est très bon", dit Mme Fitzpatrick à voix basse.

"Je vois," répondit-il avec un signe de tête. Mais il était évident qu'il n'y voyait aucun réconfort.

Tout le monde connaît le calme qui semble s'installer dans les villes et les campagnes le dimanche en Angleterre. Même dans les endroits les plus retirés, tout est plus silencieux et silencieux qu'auparavant. Aucun bruit de chariots dans les ruelles voisines ; aucun bruit rural d' ouvriers sortant pour leur travail quotidien. Et quand le paysage se révèle beau, le jour chaud et beau, et ce calme délicieux répandu partout, seulement troublé par le son lointain et incertain des cloches des églises ; il y a peu de personnes qui seraient tentées d'abandonner cette pause rafraîchissante après le travail ; ce repos purifiant pour l'esprit, pour les réjouissances criardes d'un jour de sabbat continental.

Mme Fitzpatrick a signalé ce calme à M. Haveloc lorsqu'il l'a rencontrée devant son cottage le lendemain matin.

« Cela me rappelle toujours ces paroles du Psalmiste », a-t-elle déclaré : « « Tais-toi et sache que je suis Dieu ! » Comme si ce repos complet et solennel était nécessaire à l'esprit, avant de contempler la majesté de la nature divine.

"Est-ce que Miss Fitzpatrick tient toujours à son intention ?" Il a demandé.

"Elle le fait, à moins que vous ne parveniez à la persuader de s'en abstenir."

"Je me sens très mal à l'aise à l'idée qu'elle parte. J'ai clairement vu que M. Lindsay n'aimait pas cela."

"Bonjour, M. Haveloc ", dit Aveline. Elle se tenait à la fenêtre ouverte, prête à aller à l'église. Sa robe blanche et son splendide châle, retenus par deux grosses épingles d'or, donnaient quelque chose d'ampleur à sa taille ; mais son visage paraissait plus décharné sous son bonnet, et la couleur vive de ses joues semblait s'accorder mal avec leur silhouette rétrécie. Elle semblait plus grave et calme que d'habitude ; pas exactement de mauvaise humeur, mais une sorte de mélancolie installée ; elle s'assit et tendit la main à M. Haveloc ; puis elle s'occupa tranquillement à mettre ses gants. C'était une nouvelle paire de sa taille habituelle, mais maintenant beaucoup trop grande. Elle les attacha et les regarda une minute sans parler.

"Etes-vous sûre que vous êtes tout à fait capable d'y aller, ma très chère ?" » dit Mme Fitzpatrick, frappée et glacée par l'attitude d'Aveline.

« Tout à fait , maman, » dit-elle d'un ton ferme.

"Vous ne serez pas prudent et me laisserez vous lire des prières à la maison ?" » dit M. Haveloc , qui était penché sur sa chaise. — Pas aujourd'hui ; mais si je vis, monsieur Haveloc , je vous rendrai visite un autre dimanche en cette qualité, répondit Aveline à voix basse.

"Le poney est prêt", dit-il en prenant son livre de prières.

"Vous me trouvez très volontaire , j'en ai peur", dit-elle alors qu'il arrangeait son manteau autour d'elle.

"Les malades ont le droit, vous savez, d'être volontaires ", a-t-il répondu.

Aveline soupira ; et ne parla plus pendant le trajet. M. Haveloc conduisait le poney et Mme Fitzpatrick marchait aux côtés de sa fille.

A la porte du cimetière, elle descendit de cheval, et Mark, qui la suivait de loin, conduisit le poney au presbytère jusqu'à la fin du service.

Aveline supporta remarquablement bien la fatigue. Elle restait assise et distraite, répétant solennellement les réponses avec le peuple. Parfois, elle semblait frissonner, comme si quelque chose d'horrible lui venait à l'esprit. Mais à la Croyance, elle se releva brusquement, et resta debout, la face tournée vers l'autel, répétant les paroles après le pasteur d'une voix distincte. Et cela semblait tout à fait involontaire de sa part, car elle se rassit avec le même air distrait et resta pendant le service apparemment inconsciente ou oubliant la présence de qui que ce soit .

"Je pensais que j'avais très bien vécu cette épreuve", a déclaré Aveline en rentrant chez elle.

"Beaucoup mieux, mon amour, que ce à quoi je m'attendais", dit Mme Fitzpatrick.

"Ne pressez pas le poney, M. Haveloc , cette route est si belle. Je ne suis pas du tout impatiente de rentrer", dit Aveline.

C'était une ruelle étroite et escarpée, avec de hautes berges, en partie composées de larges corniches rocheuses, avec toute leur belle variété de couleurs , visibles à travers les fougères et les plantes grimpantes, et des buissons rabougris de chênes et d'érables.

M. Haveloc conduisait le poney aussi lentement qu'il le souhaitait, s'arrêtant de temps en temps pour cueillir des fleurs sauvages pour Aveline. Tout à coup, le soleil se leva ; l'air devint frais, puis le vent se leva. Des masses sombres de vapeur irrégulière se précipitaient sur le paysage, flottant et dérivant sur les collines ; tantôt s'écartant comme un rideau, tantôt se rassemblant et s'installant en une masse dense qui cachait presque les contours du pays.

"C'est le brouillard marin. Il vient vers nous !" s'écria Mme Fitzpatrick. "Que faisons-nous d'Aveline ?"

Elle avait l'air vraiment perplexe.

« Oh ! ma chère maman, ne vous occupez pas de moi, dit Aveline ; « La maison de Mme Grant est au bout du chemin ; j'y entrerai jusqu'à ce que le brouillard soit passé. »

« Dépêchez-vous alors, M. Haveloc , » dit Mme Fitzpatrick en ralentissant son pas ; "Le brouillard voyage vite. Elle sera mouillée. Que deviendrons-nous ?"

"Peux-tu aller plus vite ?" » demanda M. Haveloc , qui poussait le poney aussi vite qu'il pouvait marcher.

"Non, j'ai la tête qui tourne", dit Aveline. Elle ne supportait pas l'agitation ou la précipitation.

Mme Grant, qui venait d'arriver de l'église par un chemin à travers les champs, fut toute étonnée lorsqu'elle vit le groupe se diriger vivement vers la porte du chalet. Elle sortit par la petite porte du jardin pour les rencontrer.

"Pourquoi, Miss Aveline, ma chère demoiselle, qu'est-ce qui vous amène si loin de chez vous ?" elle a demandé.

Aveline était trop agitée pour parler.

Mme Fitzpatrick commença ses explications, mais elles furent interrompues au milieu, car Aveline, après une vaine tentative pour descendre du poney , tomba dans les bras de M. Haveloc et s'évanouit.

Mme Grant était terriblement effrayée. Elle crut d'abord qu'Aveline était morte. Mme Fitzpatrick, comme d'habitude, calme et prompte.

"Ne pars pas", furent ses premiers mots lorsqu'elle se rétablit, tournant les yeux à la recherche de M. Haveloc . "Dites-moi quand vous serez tout à fait rétabli, que j'aurai le plaisir de vous gronder", dit-il en s'approchant de sa chaise. "Je ne sais pas quelle affaire vous avez pour nous effrayer de cette façon."

"Je vais vous dire, chère Mme Grant," dit Aveline, "nous enverrons notre dîner pour l'ajouter au vôtre, et nous dînerons tous ensemble. Ce sera quelque chose comme un pique-nique . "

Mme Fitzpatrick était d'accord. Aveline ne pouvait pas bouger pour le moment, et il ne fallait pas la faire attendre son dîner.

M. Haveloc a proposé de rentrer chez lui à pied et de donner les ordres qui plaisaient à Mme Fitzpatrick.

— Et n'oubliez pas de revenir dîner avec nous, dit Aveline avec empressement.

« Ayez un peu de pitié pour lui, Aveline, » dit Mme Fitzpatrick en souriant ; "Il n'aime peut-être pas autant les pique- niques que vous."

Mais Aveline insistait ; et M. Haveloc promit volontiers qu'il reviendrait dîner.

"N'est-ce pas agréable, M. Haveloc ?" » dit Aveline , quand ils furent tous assis autour de la petite table de la cuisine de Mme Grant. Aveline étant dans le fauteuil de la vieille dame, soutenue par des oreillers.

Si quelqu'un avait dit à M. Haveloc , à une époque quelconque de sa vie, qu'il dînerait dans un cottage avec une vieille nourrice, il aurait pensé pouvoir nier cette accusation en toute sécurité ; mais comme il était là, il gagna le cœur de Mme Grant par sa politesse envers elle ; et l'a tellement submergée par son souci pour Aveline, que bien que peu encline à l'hyperbole, elle avoua franchement qu'elle le considérait comme un ange, dès le premier instant où elle fut seule avec Mme Fitzpatrick.

Le brouillard marin s'est dissipé et l'après-midi a été brillant.

Mark ramena le poney à la maison et commanda une voiture depuis l'auberge pour ramener Aveline à la maison après le thé.

Elle s'est allongée sur le lit de la nourrice jusqu'à l'heure du thé ; puis il se leva rafraîchi et meilleur.

La nourrice resta avec elle, et, à sa demande particulière , M. Haveloc et sa maman allèrent une seconde fois à l'église.

"Et, ma chérie, quoi que vous fassiez, n'allez plus à l'église jusqu'à ce que M. Lindsay vous donne la permission", dit Mme Grant en aidant Aveline à monter dans la voiture.

"Ah, Mme Grant !" dit Aveline, si je n'avais pas senti que ce serait la dernière fois, crois-tu que j'aurais été si sérieux d'y aller ?

CHAPITRE X.

Fourmi. Je t'aimerai et je mènerai ma vie avec toi ;
Tu n'as pas encore de mari, et moi non plus de femme ; donne-moi ta main.
COMÉDIE DES ERREURS.

Il n'y avait peut-être rien sur terre pour lequel Elizabeth Gage aurait ressenti un mépris plus pur que pour un attachement non partagé ; et pourtant, à sa grande consternation, elle commença à soupçonner qu'elle éprouvait un intérêt trop chaleureux pour l'invité de son père. Le fait était qu'elle avait ressenti cet intérêt et cette admiration si longtemps avant leur rencontre, qu'il n'était pas maintenant une tâche très facile de se défaire de ces sentiments. Elle se contentait de copier strictement le silence et la réserve qui distinguaient ses manières ; ne parlait pas plus que la politesse ne l'exigeait ; et il souhaita et redouta à la fois la fin de sa visite.

Il convenait admirablement au capitaine Gage, même si aucun personnage ne pouvait être plus opposé. Il ressemblait moins à un marin qu'à un courtisan du règne d'Élisabeth. Sa gravité, ses goûts classiques, ses habitudes d'étude, sa maîtrise des langues mortes, ainsi que cette physionomie rarement vue mais à l'époque à laquelle elle appartient, semblaient le marquer comme le compagnon de Raleigh et de Southampton. Mais il conservait néanmoins une clarté de discours et une intention directe qui sont censées être généralement révélatrices de la profession à laquelle il appartenait.

Il avait retrouvé la santé dans une large mesure. Il faisait comme les autres ; il rejoignit Elizabeth et son père dans leurs promenades et promenades ; il connaissait tous les locataires du capitaine Gage ; il avait été avec Elizabeth aux hospices ; il lui portait même son panier, mais toujours en silence. Il l'avait observée au bout de la table de son père, dans leurs grands dîners ; il était sorti avec eux en retour ; il avait observé les quatre ou cinq jeunes messieurs qui prétendaient timidement aux faveurs de Miss Gage , et les deux hommes d'âge moyen qui lui faisaient alternativement une offre une fois par trimestre.

Un matin ensoleillé d'août, Elizabeth entra dans la salle du petit-déjeuner, où son père se tenait près des portes vitrées ouvertes, et l'ayant embrassé et prenant place devant l'urne, elle aperçut Sir Philip à peu de distance sur la pelouse, en train de parler. à l'un des jardiniers.

« Mon cher père, dit-elle, ayez la charité de lui dire que le déjeuner est prêt, car je ne suis pas Béatrice pour l'appeler à table.

Le capitaine Gage rit et fit un signe à son ami.

"Avez-vous beaucoup de jardin à Sherleigh ?" demanda-t-il lorsqu'ils furent assis à table.

"Je n'ose dire non", répondit Sir Philip, "je n'y suis pas allé depuis des années, et les gens s'occupent rarement beaucoup d'un jardin à moins qu'il n'y ait une dame pour les surveiller."

"Bessy ne fait jamais rien à mes fleurs, sauf les cueillir", a déclaré le capitaine Gage.

"Quoi!" dit Elizabeth en riant, as-tu su que j'ai pris la passiflore rouge hier ?

"Oui, je l'ai vu", dit son père, "veux-tu m'écrire ces lettres après le petit déjeuner ?"

Elizabeth écrivait toujours les lettres commerciales de son père. Elle s'assit à une table et choisit des stylos et du papier.

" Papa ! Je dois me plaindre de toi, " dit-elle, " tu prends mes plus belles enveloppes pour tout le monde. Suppose que je veuille envoyer des invitations ; il ne me reste plus que du gros papier. "

" Lesquelles ? Les enveloppes avec l'écusson ? Oh ! Je ferai attention à l'avenir ; vous êtes très avare de votre meilleur papier. "

"Eh bien, je dois écrire à Palmer au sujet des prés et à Brown au sujet du bail. Autre chose ?"

"Pourquoi, je ne sais pas quoi faire à propos des abeilles ; si vous pouviez envoyer un message à Harding…"

"Mon cher père, nous sommes destinés à ne jamais élever d'abeilles, mais si vous avez envie de ruches..."

"Tu es une fille impertinente ; as-tu écrit à Palmer ?"

"Oui, ça y est."

"Excellent. Oh ! que veut faire George à propos de son cheval brun ?"

"Calypso ? Il l'a laissé ici pour que je le monte pendant l'été."

"Toi, chevauche Calypso, mon bon enfant, tu vas te briser le cou."

"Si vous allez à la ferme aujourd'hui, mon cher père, je vous prouverai qu'on peut monter la Calypso sans une telle catastrophe."

"Regardez ici", dit son père en prenant une lettre d'un domestique, "voici des cartes pour le bal de Mme Hollingsworth." Il s'agissait d'une dame fortunée du quartier , dont le fils aîné était un admirateur très persévérant de Miss Gage.

Sir Philip lisait le journal à la fenêtre.

"Mon cher père, je n'irai pas", dit Elizabeth d'un ton bas mais décidé.

"Pourquoi, Bessy, comment ça se passe ?" dit son père, l'air très amusé, "Les couilles de Mme Hollingsworth sont excellentes, et voici Charles Hollingsworth pour votre partenaire."

"Mon cher père, je ne m'exposerai pas à l'ennui d'être en sa compagnie", dit Elizabeth du même ton bas, "je me considère très lésée par cette personne."

"Eh bien, ma chère, il vous ferait une offre demain, si vous lui donniez un espoir."

" Mais ne voyez-vous pas, dit Elisabeth, qu'il me doit de me donner le pouvoir de faire cesser ses attentions, si elles me déplaisent. Il y a quelque chose de lâcheté à en soumettre une sans cesse . à des civilités qui ne doivent aboutir à rien, mais qui en attendant font beaucoup de bruit, et qu'une femme n'a le pouvoir d'arrêter que par un refus. Je me considère, dit-elle en riant à moitié, comme très injustement. traité par M. Hollingsworth.

« Et Mme Hollingsworth a tellement à cœur le match, » dit le capitaine Gage en prenant le billet qui accompagnait les cartes ; "voici qu'elle nous prie de dîner et de nous habiller chez elle. Elle nous propose des lits : mais vous êtes en silex."

"Elle ne propose pas d'éloigner M. Charles", dit Elizabeth, "ne partez pas, mon cher père, pour mon bien."

"Et voici une carte pour Sir Philip," continua le capitaine Gage, "que dites-vous, d'Eyncourt , avez-vous envie d'aller à ce bal ?"

« Si Miss Gage avait eu l'intention d'y aller, » dit Sir Philip, levant les yeux du journal avec sa gravité habituelle, « j'aurais aimé la voir danser ; mais comme elle refuse, je serai obligé de vous inclure dans votre refus. ".

"Personne ne m'a vu danser de mémoire d'homme, Sir Philip", dit Elizabeth en souriant, "Je marche toujours dans un quadrille pour la forme."

"Eh bien, Bessy, écrivez un refus civil, plein de regrets", dit le capitaine Gage en déposant la note devant elle, "je dois aller parler à Meadows au sujet des chevaux de calèche."

Elle a pris un stylo. Sir Philip rapprocha sa chaise de la sienne.

"Comment refuseriez-vous?" Il a demandé.

Elizabeth le trouva plutôt curieux, mais comme l'affaire l'intéressait en partie, elle répondit aussitôt :

"Je pourrai heureusement lui dire que nous attendons des amis qui resteront chez nous la semaine prochaine."

"Et si elle devait inviter les amis ?"

"Non, ce serait très malveillant", dit Elizabeth en riant. "Mais supposons un tel cas", a déclaré Sir Philip.

" Pourtant, la fortune me sourit ", dit Elizabeth, " car les amis que nous attendons sont un couple de personnes âgées qui n'iraient certainement pas au bal. "

"Si la dame a un grand intérêt à votre venue, je pense qu'elle ne vous abandonnerait pas si facilement", remarqua Sir Philip.

" Ah ! Sir Philip, " dit Elizabeth en se tournant vers lui avec un sourire et une rougeur, " vous avez par hasard entendu de quoi mon père et moi parlions. Heureusement , il n'y a personne que je regretterais si peu de nous entendre. "

"Et pourquoi?"

" Parce que, premièrement, c'est un sujet qui ne vous intéressera pas suffisamment pour vous attarder sur votre mémoire ; et deuxièmement, tout ce qui est de cette nature, j'en suis sûr, serait aussi en sécurité avec vous qu'avec nous. "

"Miss Gage", dit Sir Philip en la regardant sérieusement , "j'ai beaucoup d'années de plus que vous."

« C'est bien ce que vous devez être, » dit Elizabeth, « car je me souviens que vous avez grandi quand j'étais enfant ; et pourtant vous voyez à quel point il y a peu de différence maintenant. Vous faisiez allusion au bal, n'est-ce pas ? Vous avez survécu à votre goût pour le bal. danser, et je me suis toujours senti trop vieux pour ça."

« Permettez-moi, » dit Sir Philip, l'examinant avec encore plus de sérieux, « de vous demander si vous êtes désengagé.

"Parfaitement ; dès que j'aurai scellé ce billet", dit Elizabeth en allumant le cierge. " Pensez-vous aller à S... ce matin ? Vous pouvez voir la cathédrale, mais vous serez trop tard pour le service ; vous feriez mieux de le remettre à demain. "

Mais pendant qu'elle parlait, elle détourna la tête pour éviter son regard grave, une goutte de cire tomba sur son doigt.

"Là!" dit Sir Philip en lui prenant la main et en l'examinant attentivement, vous vous êtes brûlé le doigt. Quelle insouciance ; vous ne regardiez pas ce que vous faisiez.

"C'est vrai", dit Elizabeth, souriant à la manière brutale avec laquelle il montrait son intérêt ; " J'ai une astuce pour me brûler les doigts quand je cachete des lettres ; et aujourd'hui c'est vendredi, je dois le dire, papa. Il est très superstitieux à propos des vendredis. "

« Dites-lui aussi que je vous aime sincèrement, » dit Sir Philip, « que je lui demande cette main ; que je ne sais comment me recommander à vous, et qu'il doit donc être mon ami.

"Vous, Sir Philip, je ne puis vous exprimer mon étonnement."

"Je me demande qui pourrait rester trois semaines dans une maison avec vous", dit Sir Philip avec une admiration brutale dans le regard et dans la voix, "sans en arriver au même sort. Vous n'êtes pas en colère."

"Non, Sir Philip," répondit-elle.

"Vous êtes tous candides , je sais que vous diriez tout de suite la vérité. Je suis plus heureuse que j'osais l'espérer", dit son compagnon.

Elizabeth sourit et baissa les yeux.

"Eh bien, maintenant," dit Sir Philip en lui prenant les deux mains, "auriez-vous la bonté de fixer un jour pour notre mariage ? Vous voyez, j'ai été envoyé à l'étranger pour ma santé, et naturellement je souhaite vous emmener avec moi."

" Vraiment, Sir Philip, " dit Elizabeth, " vous êtes trop pressé ; considérez combien de temps nous nous connaissons. "

"Je connais le capitaine Gage depuis longtemps", a déclaré Sir Philip, "j'étais son premier lieutenant lorsqu'il était à la station des Antilles; c'est la même chose. Combien de fois je me suis dit: 'J'épouserai l'homme de Gage. ma fille ; si elle ne veut pas de moi, il m'est facile de rester célibataire.'"

» commença Elizabeth. Combien de fois, en rejetant ses amants, avait-elle dit à son tour : « Jusqu'à ce que je rencontre quelqu'un comme Sir Philip d'Eyncourt , je ne me marierai jamais.

"Et pourtant vous ne vous êtes pas souvenu de moi ce soir-là", dit-elle.

"Je me suis mal exprimé", répondit-il, "je voulais dire que je ne trouvais aucune ressemblance entre ce que tu étais et ce que je te trouve maintenant. Tu étais une petite fille très gentille : tu es une belle femme."

"Et tu as appris à flatter", dit Elizabeth en rougissant.

"Non, c'est juste mon avis, maintenant je vais retrouver ton père. Cela semble assez singulier de demander à Gage de m'accepter comme gendre. Il n'a pas une douzaine d'années de plus que moi."

Quelques semaines après cette conversation, le capitaine Gage eut la satisfaction de remettre la main de sa fille à sir Philip d'Eyncourt : et quelques jours après, Margaret, qui avait officié comme l'une des demoiselles d'honneur, accompagna son oncle au bord de la mer ; car il avait enfin consenti à écouter son médecin et à considérer sa maladie comme importante.

CHAPITRE XI.

Et maintenant qu'on voit l'espoir et la joie s'estomper,
Comme des étoiles qui glissent faiblement jusqu'à se mélanger à l'ombre ;
Maintenant que ta joue a le chancre du chagrin prouvé Quand ainsi par la
maladie a changé, ah ! plus aimé.
ELTON.

"Aveline, mon amour, il est impossible que tu puisses monter le poney
aujourd'hui. Je t'en prie, abandonne cette idée. N'êtes-vous pas d'accord avec
moi, M. Haveloc ?"

M. Haveloc , car Aveline était devenue irritable ; une phase de sa maladie sur
laquelle son caractère doux et sa maîtrise de soi habituelle n'avaient aucune
influence.

"Non, vous ne pouvez pas monter à cheval aujourd'hui", dit M. Haveloc en
s'approchant du fauteuil dans lequel elle était assise, soutenue par des oreillers
; "Vous nous avez trop fait peur hier. Vous êtes à peine sorti de votre
évanouissement et vous voulez en amener un autre. Pensez à nos nerfs!"

Aveline le regarda et sourit, même sa mère n'avait pas le même contrôle sur
elle que lui.

"Mais regarde," dit-elle, "quel temps magnifique ! Il est dur pour moi de rester
toute la journée dans la maison. Tu sais que je ne peux pas marcher. Que
dois-je faire ?"

"Dois-je vous ramer", dit-il, "vous pouvez avoir autant d'oreillers que vous
le souhaitez ; et vous pouvez vous allonger aussi tranquillement que vous le
feriez sur le canapé."

"Non," dit Aveline, "j'ai peur que ma tête ne supporte pas le mouvement du
bateau."

"Et pourtant vous avez pensé à monter à cheval", dit M. Haveloc en souriant.

C'était une remarque imprudente, les malades ont besoin d'être soignés.

« L'équitation, c'est tout à fait différent ! dit Aveline avec colère ; "tu ne sais
pas distinguer !"

Heureusement , malgré toute son impatience, elle ne le réveilla jamais. Il la
plaignait trop ; et sans éprouver pour elle le moindre attachement au sens
ordinaire du terme, il était devenu très amoureux d'elle ; il était conquis par
la confiance qu'elle avait placée en lui pour tout .

Il rencontra les yeux de Mme Fitzpatrick tournés vers lui avec gratitude et
sourit.

"Non, je n'en sais rien", dit-il en se penchant sur la chaise d'Aveline, "je n'ai aucune expérience de la maladie. Je ne peux pas mesurer votre force."

— Alors, dit Aveline avec un léger manque de cohérence, que me conseillez-vous de faire ?

"Laissez-nous vous faire rouler dans cette chaise sur l'herbe ; là vous pourrez profiter de la brise marine et vous serez à l'ombre."

Aveline y consentit, et elle fut bientôt établie sous les arbres, avec une petite table à côté d'elle, sur laquelle étaient posés un verre d'eau, une assiette de raisins de serre et une splendide grappe de fleurs.

Mme Fitzpatrick avec son travail d'un côté de la chaise, M. Haveloc sur l'herbe avec un livre.

"Qu'est-ce que vous lisez, M. Haveloc , qui vous fait sourire ?"

"Boiardo, il y a quelque chose de si sec dans ses manières."

"Ne te lis pas, ça m'énerve", dit Aveline.

M. Haveloc ferma son livre et commença à jeter des cailloux sur la plage en contrebas.

"Avez-vous beaucoup de cette clématite rose, M. Haveloc ", demanda Aveline en examinant son bouquet.

"Il y en a une plante."

"Les avez-vous d'une autre couleur ?"

"Oui, en blanc. Mais je t'ai apporté le rose parce que c'est la plus grande nouveauté."

"Amène-moi les deux sortes demain."

"Je vais."

"Et certaines des bruyères dont vous parliez."

"Oui, tu auras un magnifique bouquet demain."

"Vos jardins seront complètement dévastés, M. Haveloc ", a déclaré Mme Fitzpatrick.

"Cela n'aura aucune conséquence", a-t-il déclaré.

"Je souhaite, M. Haveloc ," dit Aveline, "que vous me tiriez une perdrix, je l'aimerais pour mon dîner."

C'était le premier septembre. Maintenant, si elle lui avait demandé de lui tirer un aigle royal, cela aurait été tout autant en son pouvoir. Il était trop myope pour tirer ; et de plus, il n'avait demandé l'autorisation de tourner nulle part cette année-là. Il s'est tourné vers Mme Fitzpatrick pour obtenir de l'aide.

« Tu sais, mon amour, dit sa mère, il ne pourrait pas être à l'heure pour ton dîner d'aujourd'hui.

"Oui, je l'attendrais", dit Aveline. "La vérité est", a déclaré M. Haveloc , "je ne suis pas un tireur d'élite, ma vue est si mauvaise que je n'ai pas pu distinguer une perdrix lors de cette promenade."

"Vous dites cela seulement pour me taquiner ;" dit Aveline, on voit toujours maman quand elle sort de l'avenue.

"Mais alors votre maman est quelque chose de plus gros qu'une perdrix", dit M. Haveloc .

"Alors je dois m'en passer, je suppose", dit Aveline.

"Non, car j'irai dans la prochaine ville et je t'en apporterai un."

"Et que dois-je faire sans toi pendant tout ce temps?" demanda Aveline avec impatience.

A ce moment, M. Lindsay apparut à la fenêtre du salon et se joignit à la fête sur la pelouse.

« De quoi parlez-vous tous ? » demanda-t-il.

« Aveline a envie d'une perdrix, M. Lindsay, » dit Mme Fitzpatrick ; "Comment puis-je en obtenir un ?"

"J'en ai apporté un avec moi", a déclaré M. Lindsay, "je l'ai laissé à votre cuisinier."

"Je suis heureux que vous ne dépendiez pas de moi", a déclaré M. Haveloc , "j'aurais dû parcourir les champs de navets toute la journée et ne vous apporter rien."

"Eh bien, ne trouvez-vous pas qu'il fait très chaud," dit M. Lindsay, "vous avez de beaux raisins ! D'où viennent-ils ?"

"Goûtez-les, docteur", dit Aveline, "M. Haveloc les a apportés."

Le médecin regarda M. Haveloc , secoua légèrement la tête et goûta les raisins. Il le croyait sous l'illusion d'un attachement à Aveline ; car les personnes d'âge moyen ont tendance à considérer les affections comme des illusions. Mais il le plaignait, comme il l'aurait fait pour toute personne souffrant d'une maladie nerveuse, car il savait que tant qu'elles durent, les maladies nerveuses sont aussi définitives que la perte d'un membre.

Mais bientôt ces accès d'irritation disparurent complètement ; elle est devenue placide, reconnaissante, tendre ; ses forces déclinaient.

M. Haveloc arrivait le matin, pour repartir le soir. Son attention était constante ; et Aveline semblait ne vivre qu'en sa présence. Attendre sa venue; prendre vie à ses pas ; se reposer des heures en se contentant de le regarder ; pour lui parler de sujets religieux, dans lesquels il devenait l'apprenant, et elle, inconsciemment, l'enseignante. Ces privilèges, tels qu'elle les considérait, apaisaient ses dernières heures et adoucissaient son pèlerinage vers la tombe. Pour elle, ce n'était pas la « Vallée de l'Ombre ». Elle possédait le soutien sacré, la consolation guérisseuse d'une conviction religieuse profonde, qu'elle n'avait pas tardé jusqu'à cette heure à chercher et à jouir ; et sa maladie lui avait valu ce qu'elle n'aurait jamais pu obtenir au temps de sa beauté et de sa santé : la compagnie de la personne qu'elle aimait. Et, toujours à l'extrême, il se dévoua à son confort avec un zèle qui étonna Mme Fitzpatrick. Il semblait savoir intuitivement comment arranger ses fleurs : déplacer ses oreillers, comment l'amuser quand elle était calme et se taire quand elle était fatiguée. Il savait comment détourner son attention de sa mère dans les rares occasions où Mme Fitzpatrick cédait à un accès de chagrin. Il était son confident dans ces menus arrangements d'avenir avec lesquels elle ne voulait pas troubler les sentiments de sa mère.

Et à son état d'esprit sobre et sérieux, son attachement pour lui prenait la couleur tranquille de ses autres pensées. Elle savait qu'elle en avait fini avec la vie ; et son affection pour lui était telle qu'elle pouvait porter au-delà du tombeau.

Et ainsi vaincue par la maladie, mais soutenue par les plus brillantes espérances, elle attendait tranquillement le moment où son Ange la ferait sortir de la terre.

CHAPITRE XII.

Sophie. Vous, puissances, qui prenez en charge la garde
de l'innocence, aidez-moi ! car je suis une créature tellement abandonnée au
désespoir que l'espoir ne peut imaginer une rançon pour me racheter... ... ...
... N'est-ce pas pour cela qu'il m'a quitté
et, sous un faux prétexte -
L'IMAGE.

Ce serait un incident trop aventureux à introduire si cette histoire était une invention au lieu d'un récit de faits, que M. Gray ait été ordonné par son médecin de se rendre dans une partie de la côte très proche de celle où se trouvait la maison de Mme Fitzpatrick . Pas un kilomètre de terrain accidenté ne séparait leurs habitations les unes des autres. Ce choix de *lieu* s'expliquait très facilement. M. Warde connaissait M. Fletcher, le pasteur de la paroisse, et lui écrivit pour le prier de choisir une maison pour son ami. M. Fletcher a fait de son mieux, mais les maisons n'étaient pas nombreuses dans ce quartier. C'était un joli cottage, mais qui ne méritait vraiment aucun autre nom. M. Gray n'a pas du tout apprécié cela ; le luxe de sa propre maison lui manquait. Les battants ne fermaient pas, les cheminées fumaient. Il n'y avait pas de piano pour Margaret, et la chambre de Land était si petite qu'elle était une source d'inquiétude quotidienne pour son maître. Il était plus ennuyé pour les autres que pour lui-même. Margaret ne pensait pas, lorsqu'elle descendait chaque matin au bord de la mer et s'asseyait patiemment près de la chaise de son oncle avec son livre et son travail, que la personne qui occupait le plus son esprit se trouvait à si courte distance, occupée à la même chose. une sorte de poursuite, en veillant sur la santé déclinante d'un ami.

Mais son oncle devint plus faible et plus agité ; il résolut de retourner à Ashdale ; et une fois le jour fixé, il parut plus à l'aise dans son esprit.

"Est-ce que tu aimes l'idée, mon enfant?" dit-il à Margaret, "ne serais-tu pas content de retourner à Ashdale ?"

"Très heureux, monsieur", répondit Margaret.

" Cela doit être ennuyeux, en effet, pour vous, " dit M. Gray d'un ton de pitié, " pas une seule âme ici que nous connaissons. Nous pourrions, bien sûr, connaître le pasteur ; mais il prend des vacances exactement à l'heure exacte. " Ce n'est pas le bon moment, et l'homme qui fait son devoir pour lui n'habite pas dans les lieux. Pas un magasin à voir, ni rien à lire pour l'enfant, à part le journal, et cela ne l'intéresse pas, la pauvre petite.

"Oh, mon oncle ! si tu allais bien , je ne trouverais pas ça ennuyeux", dit Marguerite, "je profiterais surtout de la mer et des beaux rochers. Mais quand il y a quelque chose qui ne va pas, on se sent toujours plus en sécurité chez soi."

M. Gray sourit et dit quelque chose en s'éloignant à propos de son souhait de revoir Casement , désir auquel Margaret ne pouvait pas se joindre.

Comme c'était son habitude de se reposer dans sa propre chambre pendant l'après-midi, Margaret emporta son travail sous le porche et s'assit en profitant de la brise marine et en regardant la route pittoresque qui serpentait sous la maison le long du rivage. Elle avait découvert que lorsque l'esprit est anxieux et en détresse, la meilleure chose qu'elle pouvait faire était de travailler. Ses pensées ne pouvaient pas être obligées d'étudier, et son aiguille passait le temps un peu plus calmement et plus rapidement que lorsqu'elle ne faisait rien. Et maintenant, on pouvait voir un ouvrier conduisant une charrette tirée par une paire de bœufs le long du chemin accidenté ; puis deux enfants portant entre eux un panier qu'ils avaient été envoyés remplir au village voisin ; et sauf pour de si rares passagers, la route était calme toute la journée. Pendant qu'elle était assise, pensant au seul sujet qui lui occupait l'esprit lorsqu'elle pouvait le détourner un instant de la maladie de son oncle ; en réfléchissant à tout ce que M. Haveloc avait jamais dit et fait à Ashdale , elle aperçut, avançant sur le chemin, une silhouette qui la fit sursauter et rougir , c'était - elle en était sûre - Hubert Gage.

Il marchait très vite, ouvrit lui-même la porte rustique et courut vers elle.

Sa première pensée fut une crainte à propos d'Elizabeth.

« Bessy va bien, j'espère ? dit-elle avec empressement.

"Très bien. Je vous revois enfin ! Comme vous m'avez rendu cela difficile ! Comme il était impossible à Ashdale de pouvoir parler de vous, même pour un instant !"

« Êtes-vous revenu d'Irlande depuis longtemps ? » dit Margaret, très gênée par le ton de son compagnon.

"Longtemps ? Cet instant ! Dès que j'ai su où tu étais, je t'ai suivi."

"Et Bessy va vraiment bien ?"

"Bessy? Oui," dit-il d'un ton impatient. "Laisse-moi parler de toi. Margaret, tu m'as fait une grande injustice et tu ne m'as pas donné les moyens de me défendre. Tu m'as cru incapable de t'aimer comme tu le méritais."

Margaret leva la main comme pour l'arrêter, il la saisit et la porta à ses lèvres.

"Je vous dis quoi, M. Hubert Gage, cela ne suffira pas", dit gravement Margaret en reprenant possession de sa main; " il y a un grand manque de considération dans votre conduite. Je suis sûr que vous ne vous souciez que très peu de ma tranquillité en venant ici. Mon oncle est très malade, et tout mon temps et mes pensées sont occupés à m'occuper de lui. Je n'ai pas le temps. , et je dois dire qu'il n'y a pas de patience pour ces scènes."

Land descendit à ce moment avec les compliments de M. Grey, et « entendant que M. Hubert était en bas, il espérait qu'il s'arrêterait pour dîner ».

Il accepta l'invitation, puis se tournant vers Margaret, alors que Land disparaissait, dit : « Je me rétracterai. J'y retournerai immédiatement si vous me faites une promesse : j'ai le droit de la réclamer ; un droit sur tout ce que vous m'avez fait. souffrez. Donnez-moi les moyens de vous voir. Je n'ai pas eu le fair-play - vous ne m'avez pas permis de vous adresser - pour chercher à gagner votre confiance, votre amour. Cruel! de rendre votre refus si absolu; de ne me laisser aucun espoir. mais je ne serai pas si repoussé : vous ne savez encore rien de moi. Pourquoi me nier...

"M. Hubert, vous ne m'écouterez pas", dit Margaret, soucieuse de conclure le dialogue.

"Tu es si charmante ! Tu es mille fois plus belle que la dernière fois que je t'ai vue. Mais qu'en est-il de ta beauté ? Rien à côté de cette disposition angélique qui anime tout ce que tu fais. Tu m'as trouvé si insignifiant que je ne pouvais pas comprendre ton cœur. . Margaret, c'est cela qui m'a poussé à te chercher.

"Je suis vraiment désolé de vous avoir fait du tort jusqu'à présent", a déclaré Margaret. « Je ne pensais pas que ce soit votre nature de vous soucier beaucoup, d'aimer beaucoup, je veux dire d'être très sérieux à propos de quoi que ce soit. Si, en effet, » dit-elle en remarquant l'expression affligée de son visage, « votre bonheur est troublé, Je suis encore plus désolé ; mais je ne peux rien faire. Je ne peux pas vous dire faussement que je changerai jamais.

"Vous ne le ferez pas ! Voyez ce que vous faites ! Vous avez rendu toute ma vie misérable, pire que cela, inutile. Je ne peux me contenter de rien. Je ne peux pas quitter le pays où vous êtes. Mais je ne désespérerai pas. Vous verrez davantage de moi, tu m'aimeras encore.

"Il y a une chose", dit Margaret avec un petit air de triomphe, "nous quittons cet endroit jeudi."

« Tant mieux, dit Hubert, car je serai tout près de chez vous à Chirke Weston.

Margaret avait l'air vexée et indécise. Elle pensait qu'il n'y avait qu'un seul moyen de mettre un terme à ses assiduités ; et, bien qu'à contrecœur, elle résolut de l'adopter.

« Vous m'obligez à être très franc avec vous, monsieur Hubert, » dit-elle ; "Mais je ne vois aucun autre moyen de vous convaincre que nous ne pouvons être que des amis l'un pour l'autre. Je suis fiancée à une autre personne."

"Fiancés ! Comment est-ce possible ? Comment puis-je le croire ? Vous si jeune et vivant si retraité. Puis-je demander si M. Gray est au courant de ces fiançailles ?"

"Il l'est", a déclaré Margaret.

"Pourquoi alors c'est Claude Haveloc !" dit Hubert en s'appuyant contre le rebord du porche.

Marguerite restait silencieuse. Il resta debout, apparemment très perturbé.

"Et vous êtes fiancée à Claude Haveloc ?" dit-il en se jetant sur le siège à côté d'elle.

Sa couleur est montée; mais elle fit un geste d'assentiment. Il resta quelques instants, apparemment indécis quant à ce qu'il devait dire ou faire ; puis levant soudain les yeux, elle lui prit la main.

« Oubliez-moi si vous voulez », dit-il ; "mais ne pense plus jamais à lui."

« M. Hubert ! » » dit Margaret, rougissant de colère.

" Il est tout à fait indigne de vous ; on parle là-bas du village ; il fait ses discours à une jeune dame qui se meurt de phtisie. Mais ses attentions depuis des semaines ont été trop marquées pour admettre un doute. Il est plaint et loué par tout le monde . Il est quotidiennement et toute la journée à la maison.

" Eh bien , cela peut s'expliquer. Je vais lui demander," dit Margaret, essayant de parler calmement.

"Vous pouvez faire mieux que de lui demander. Vous pouvez voir et juger par vous-même. Passez devant la maison à toute heure et trouvez-le, tel que je l'ai vu, aux pieds de votre rival."

Une pensée traversa un instant l'esprit de Margaret : elle se vengerait de cette négligence, elle accepterait la main d'Hubert Gage. Mais elle sentit aussitôt l'indignité d'une telle idée, et resta tremblante et silencieuse, les yeux baissés.

"Où est cette maison ?" dit-elle après une courte pause.

"Je peux vous le montrer mieux que je ne pourrais le décrire", répondit-il. "C'est en te cherchant que j'ai découvert cette histoire."

"Je vous dois beaucoup", dit-elle avec un étrange sourire.

Son attitude, habituellement si douce, parut soudain changer. Il y avait quelque chose de froid et d'amer dans sa voix.

"Et que ferez-vous?" Il a demandé.

« Après le dîner, quand mon oncle dort, je sors », dit Margaret ; "tu pourras alors me montrer cette maison."

Son calme apparent le trompait complètement ; il pensait qu'elle ne souffrait pas beaucoup. Une fois convaincue que son amant lui avait fait du tort, elle pourrait être courtisée et gagnée à nouveau.

"Je vais chez mon oncle maintenant", dit-elle. "Je te verrai au dîner;" et, prenant son panier à ouvrage, elle le quitta.

Hubert ne la revit que lorsque le dîner fut annoncé ; elle se tenait alors près de la chaise de son oncle et ne semblait pas faire attention à sa présence. M. Gray l'accueillit très gentiment ; il trouvait la visite d'Hubert si aimable, si bien intentionnée. Cela montrait qu'il n'était pas mécontent de ce qui s'était passé.

Il posa un certain nombre de questions sur le capitaine Gage et sur les d'Eyncourt , sur ses propres plans et procédures ; et à propos de leurs voisins d' Ashdale . Hubert, les yeux fixés sur Margaret, répondit à contre-courant.

Margaret était parfaitement silencieuse. Elle aidait la vaisselle devant elle avec la précision mécanique d'une personne dans un rêve. Elle-même ne mangeait rien et semblait à peine savoir qu'il y avait quelqu'un à table. Dès que le tissu fut retiré, elle se leva. Hubert, qui avait vainement guetté quelque mot ou signe qui pût lui dire qu'elle tenait à son intention du matin, la suivit jusqu'à la porte.

Elle se retourna en quittant la pièce et, dans un murmure presque inaudible, prononça le mot « attendez ». M. Gray s'excusa peu après d'avoir quitté son invité ; il fut obligé de prendre une retraite anticipée. Margaret serait dans le salon ; il espérait qu'Hubert resterait et boirait du thé.

Hubert prit congé de M. Grey et attendit que le crépuscule vienne, suivi du grand clair de lune, et Margaret ne parut toujours pas. Enfin, alors qu'il songeait à entrer la chercher dans la maison, car il déambulait dans le petit jardin, il la vit debout sur le seuil, enveloppée dans un grand châle.

"Est-ce que je suis trop tard?" dit-elle alors qu'il s'approchait d'elle.

"Es-tu prêt?" il est retourné.

"Je le suis," dit-elle en frissonnant et se précipitant dans le jardin, "mon oncle dort . Dieu sait si je dormirai un jour à nouveau ! Il y a eu des trésors payés pour des connaissances qui auraient pu acheter un monde de paix à deux reprises. Vous savez. que certaines connaissances entraînent la mort à sa suite. Conduisez-moi, si vous l'osez.

Ses yeux brillaient, même au crépuscule ; elle se redressa et prit un air de défi qu'il n'aurait pas pu croire possible devant sa beauté douce et exquise. Il lui restait encore à apprendre ce que c'était que d'éveiller une nature douce.

Hubert s'arrêta sous les buissons du petit jardin.

"Choisir;" il dit : "Je ne dis pas que la connaissance n'est pas une douleur ; et l'ignorance, la plus grossière des ignorances, est un contentement. Vous n'avez pas besoin d'apprendre maintenant que je vous aime. Vous pouvez accorder la foi qu'il vous plaît à mon accusation."

"Je ne peux pas douter de vous", dit Margaret, "dépêchez-vous; je n'irai jamais si je ne pars pas bientôt. Je suis malade, malade."

Ils suivirent l'allée ombragée, où le clair de lune traçait un joli treillis de branches et de feuilles sur le sentier rocailleux ; et à chaque pas, à mesure que le chemin devenait plus inégal, et que Hubert la soutenait sur les pierres escarpées, elle lui criait de se hâter. Elle marchait comme quelqu'un qui marchait dans son sommeil, luttant toujours pour la rapidité, et de plus en plus incapable de bouger à mesure que son désir de bouger devenait plus pressant. Hubert faillit la porter jusqu'aux derniers pas du chemin ; et là se trouvait la chaumière au flanc de la colline, où elle s'éloignait doucement jusqu'au bord de la mer. Les vagues ondulaient et descendaient sur la plage au son d'une musique douce et grave qui semblait presque chargée de mots, tant le son était clair et mesuré dans cette nuit calme.

Margaret s'arrêta pour reprendre son souffle et s'accrocha lourdement à son bras. Puis l'idée lui vint à l'esprit que si M. Haveloc était innocent et qu'il était venu là par hasard et qu'il la trouvait marchant seule avec Hubert Gage, que penserait-il ?

"Oh, paradis!" dit-elle en joignant les mains en signe d'agonie, "oublie que tu m'aimes, parle-moi comme à une sœur. Est-ce vrai ?"

"Je ne vous ai jamais pressé de me croire", répondit son compagnon.

"Oh, c'est vrai, c'est vrai !" » dit Margaret en se hâtant.

Elle avait à peine fait trois pas qu'elle s'arrêta de nouveau.

"Lâche que je suis," dit-elle, "de fouiller dans ses actions, de chercher ces misérables moyens d'apprendre ses intérêts. Il me fait entièrement confiance. Je lui demanderai ce qu'il fait là-bas si souvent, et si... s'il aime " C'est mieux pour elle, laissez-le partir. Je libérerais un empereur s'il voulait être libéré. Je ne continuerai pas. Je n'apprendrai rien de cette façon. "

Elle était à bout de souffle. Hubert Gage se retourna sans ajouter un mot et lui tendit la main pour la reconduire ; mais elle le repoussa et resta debout, serrant ses tempes avec une force qui semblait destinée à retenir sa raison.

« Si tu penses, dit-elle très lentement car elle rassemblait ses idées, que je t'aimerai mieux quand j'aurai appris à le haïr, sache une fois pour toutes que tu seras plus intolérable à mes yeux que Claude. lui-même."

Il avait l'air affligé, mais ne répondit rien.

Elle fit une pause un moment, puis dit d'un ton plus calme . " Gardez-vous de ne rien dire de tout cela à mon oncle ; cela le vexerait tellement. Il ne va pas assez bien... "

Il lui a fait cette promesse ; et ayant atteint la clôture du jardin, il dit qu'il l'attendrait pendant qu'elle descendrait l'allée de la terrasse. Elle lui fit signe de silence et s'avança doucement jusqu'à arriver sous la véranda. Les fenêtres du salon n'étaient pas fermées, et elle entendait et voyait tout ce qui s'y passait. Un canapé était rapproché de la fenêtre, sur lequel était assise une jeune fille de dix-sept ans, qui gardait encore beaucoup de la beauté gracieuse qui l'avait distinguée. Grand et mince, l'enveloppe de mousseline pleine cachait en partie l'influence dévastatrice de cette maladie qui avait si près rempli sa tâche. Ses yeux, avec leurs longues franges noires, semblaient prendre une part disproportionnée dans son visage, et ses abondants cheveux noirs, enroulés en larges plis à l'arrière de sa tête, étaient tombés en longues tresses comme de larges rubans sur les coussins. sur lequel elle s'est appuyée. Elle était allongée, à moitié soutenue en position assise par M. Haveloc . Sa tête reposait sur son épaule et ses yeux splendides se posaient sur son visage comme si elle savait qu'elle avait très peu de temps pour imprimer chaque trait de sa mémoire. Il resta silencieux pendant quelques minutes, et la main décharnée d'Aveline reposa passivement dans la sienne. Enfin, elle dit avec un doux sourire, le regardant toujours comme si elle craignait de perdre un instant sa vue :

"La lune va bientôt changer, n'est-ce pas, M. Haveloc ?"

"Demain, je pense", dit-il avec gentillesse, sans tendresse, car il n'était pas de nature à faire semblant, même si Margaret était trop étourdie pour remarquer la différence. Ils restèrent silencieux quelques instants, puis, sur un mouvement agité d'Aveline, il s'employa à retoucher les coussins.

Mme Fitzpatrick, qui avait appuyé sa tête contre la cheminée alors qu'elle était assise, leva les yeux au léger bruit qu'ils faisaient, puis baissa de nouveau la tête, avec cette expression muette d'angoisse que cette attitude peut si éloquemment exprimer.

« J'espère que vous ne partirez pas si tôt ce soir, M. Haveloc , » dit Aveline dès que ses oreillers furent convenablement disposés, « Vous êtes parti si tôt hier, et cela ne sert à rien, car je ne veux pas partir si tôt ce soir, monsieur Haveloc. pour ça, dors plus tôt."

Mme Fitzpatrick leva la tête et jeta un regard à M. Haveloc comme si elle eût dit : « faites-lui plaisir », mais elle tomba dans son ancienne position sans parler.

"Je suis sûr que, tant que vous n'êtes pas fatigué", dit-il, "je resterai jusqu'à ce que Mme Fitzpatrick juge à propos de me mettre à la porte."

"Est-ce que maman dort ?" » dit Aveline, qui écoutait la voix de sa mère.

"Dors, mon amour!" » dit Mme Fitzpatrick, d'un ton qui fit vibrer Margaret, il y avait là tant de désespoir.

"Nous sommes tous à moitié endormis", a déclaré M. Haveloc . "Dois-je sonner pour demander des bougies ?"

"Faites", dit Aveline; " restez ! voyez-vous une silhouette, une ombre, là, dans la véranda ? "

Margaret n'en entendit plus. Elle se retourna, descendit précipitamment de la terrasse les marches jusqu'à la plage sur le sable jusqu'à ce que l'écume des vagues déferle sur ses pieds.

"Bonté divine!" s'écria Hubert Gage, qui s'était précipité après elle. "Qu'as-tu l'intention de faire ? Qu'est-ce que tu vas faire ?"

"Que dois-je faire à part rentrer à la maison ?" » dit Margaret en se retournant doucement. "J'ai vu ce que je suis venu voir."

Et se détournant de nouveau, elle se remit à marcher rapidement.

«Parlez-moi», dit-il après l' avoir suivie en silence pendant quelque temps. "Dites-moi, suis-je responsable ?"

Margaret secoua la tête.

"Je ne peux pas supporter ce silence", dit-il après une autre pause. "Dis-moi quelque chose."

"Qu'est-ce que je devrais dire?" » demanda Margaret, toujours en marchant.

"Est-ce que tu me détestes?"

" Toi non."

Ils arrivèrent devant la porte de la chaumière.

Margaret lui tendit la main.

"Bonne nuit", dit-elle d'une voix calme. "Laisse-moi te voir demain."

- 85 -

CHAPITRE XIII.

Steig ' empor , o Morgenroth , et rôthe
Mit purpurnem Küsse Hain et Feld!
Saus'le nieder , Abendroth et Flöte
Sanft in Schlummer die erstorb'ne Welt ;
Morgen… ach ! Du röthest
Eine Todtensflor ,
Ach! et du, ô Abendroth ! umflötest
Meinen langue Schlummer nur .
SCHILLER.

"Il n'y a personne dans la véranda", a déclaré M. Haveloc en revenant du côté d'Aveline. "C'était votre fantaisie. Vous n'avez pas encore oublié la bohémienne."

Aveline sourit et lui fit signe de s'asseoir près du canapé.

"Je suis à l'aise maintenant", dit-elle. "Je ne bougerai plus." Il la regarda avec inquiétude et pensa qu'il y avait quelque chose d'étrange dans l'expression de ses traits. C'était comme si elle avait perdu le contrôle sur eux et que son sourire était involontaire.

"Maman!" dit-elle soudain, d'un ton vif et aigu.

Sa mère accourut à ses côtés.

"Reste près de moi, maman", dit-elle.

Mme Fitzpatrick, assise sur le côté du canapé, tenait la main de sa fille.

« Est-ce que tu te sens plus mal, mon amour ? elle a chuchoté.

"Non, c'est mieux", répondit Aveline d'une voix claire.

Mme Fitzpatrick tremblait excessivement, mais contrôlait tout autre signe d'émotion. Elle regardait anxieusement M. Haveloc , comme elle le faisait souvent, pour lire son opinion. Ses yeux étaient fixés sur le sol.

"M. Haveloc ", dit Aveline d'une voix parfaitement libre d'émotion, "vous vous souviendrez de dire à M. Fletcher que M. Lucas était très gentil et m'a apporté beaucoup de réconfort."

"Il revient demain. J'espère que vous serez assez bien pour le voir vous-même", a déclaré M. Haveloc .

Aveline le regarda et remarqua l'expression inquiète de son visage.

« Voyez combien j'ai peu de souhaits », dit-elle ; "Comme tout a été prévu par votre bonté", tournant les yeux vers sa mère. "Je n'ai plus rien à dire à cette heure."

Mme Fitzpatrick, blanche comme du marbre, pressa la main de sa fille contre ses lèvres.

M. Haveloc , frappé d'effroi du pressentiment qui semblait s'abattre sur eux tous, n'osa pas parler.

« Maman, petite Jane », dit Aveline après une pause.

"Oui, mon amour; vous savez que nous avons arrangé cette affaire l'autre jour", a déclaré Mme Fitzpatrick avec un calme merveilleux.

"Oui, oui", dit Aveline.

"Je pense", a déclaré M. Haveloc en regardant Mme Fitzpatrick, "je ferais mieux d'appeler Mme Grant."

"Qui c'est?" » demanda vivement Aveline. "C'est moi qui ai parlé", a déclaré M. Haveloc . "Je voulais faire venir votre nourrice, car je n'aime pas que vous soyez debout à cette heure."

"Non... non, ne me bouge pas", dit Aveline.

"Ce sera comme vous voudrez; mais je sais que vous ne dormirez pas ici", dit M. Haveloc .

"Plus de sommeil", dit Aveline comme pour elle-même.

Elle restait les yeux fixés sur le plafond, où, grâce à quelque reflet de lumière, il y avait une large tache lumineuse.

Il y eut un long et profond silence. Mme Fitzpatrick priait intérieurement. Aveline restait toujours les yeux levés, la respiration courte et rapide.

Tout à coup, le silence fut rompu par sa voix répétant d'un ton distinct :

"'Bien que je marche dans la vallée de l'ombre de la mort, je ne craindrai aucun mal; car tu es avec moi. Ton bâton et ton bâton me réconfortent.'"

ceux qui ont observé un malade peuvent dire avec quelle solennité touchante les paroles de l'Écriture apparaîtront investies lorsqu'elles sortiront soudainement de leurs lèvres dans le calme de la nuit.

La fermeté de Mme Fitzpatrick céda ; elle fondit en larmes. Aveline ne fit aucune remarque. Elle ne semblait pas remarquer ses compagnons.

» dit-elle enfin , en allusion à leur conversation d'il y a quelque temps .

"Mais l'infirmière peut venir."

Mme Fitzpatrick a sonné. Mme Grant entra ; mais Aveline était de nouveau distraite.

La bonne vieille s'assit derrière le canapé, leur faisant signe de se taire. Elle voyait depuis quelques jours mieux que personne que la fin approchait.

"La marée est-elle basse, M. Haveloc ?" demanda Aveline avec difficulté.

Mme Grant frissonna. La superstition concernant l'influence des marées sur les mourants est bien connue. Elle croyait profondément que sa jeune femme serait libérée lorsque la marée changerait.

M. Haveloc s'est dirigé vers la fenêtre et a regardé dehors. La longue chaîne de roches vertes et basses n'était pas encore tout à fait découverte par le reflux des vagues. La lune brillait sur leur surface glissante, et l'eau montait et descendait en bouillonnant dans leurs crevasses.

"Pas encore", dit-il en revenant au canapé.

"Pas encore", répéta-t-elle. Puis, avec un effort plus intense, elle dit : « Je souhaitais vous remercier tous les deux.

"Ma chérie !" » dit Mme Fitzpatrick en se penchant sur elle.

"Tu ne pleures pas !" dit Aveline en essayant de passer sa main d'une manière caressante sur le visage de sa mère ; "pas pour moi!"

"Non, pas pour toi, mon enfant", dit Mme Fitzpatrick.

"Maman, ça arrive", dit Aveline d'une voix presque inaudible. "Quoi, ça arrive, mon amour ?" demanda sa mère.

Aveline ne répondit rien : tous ses sens semblaient lui avoir fait défaut d'un coup.

"Dieu soit loué !" » dit Mme Grant en se levant avec la dignité que donne toujours la véritable émotion : « Dieu soit loué ! elle est maintenant un ange au ciel !

CHAPITRE XIV.

Et certains mourront, ce sont ceux au cœur doux,
secoués comme des fleurs par les premières gelées ; et certains grandiront
dans le mépris et l'amertume du cœur, comme donnant aux autres la pleine
mesure de ce qui leur a été réservé. Certains regardent vers le ciel, et
rassemblez leurs cœursLà où la déception ne peut pas les toucher davantage
;
Et ces quelques-uns sont les sages ; mais il y en a beaucoup,
dont la vie est plus forte que leur agonie, et dont l'un survit à l'autre. —
Ayez pitié d'eux.
ANON.

Dès que cela fut possible, le lendemain matin, Hubert Gage lui rendit la visite
que Margaret avait failli lui demander la veille. La prétendante la plus
favorisée aurait pu se sentir satisfaite de l'impatience avec laquelle elle
attendait visiblement son approche ; car elle se tenait au milieu de l'allée du
jardin, le regardant alors qu'il s'approchait de la chaumière. Son embarras
était bien plus grand que le sien, il osait à peine lever les yeux sur son visage,
et quand il le faisait, il était autant surpris par son expression ferme et fixe
que par la pâleur glaciale qui recouvrait ses traits.

« Je désirais vous revoir, » dit-elle lorsqu'il la rejoignit, « j'ai été très stupide et
déraisonnable, hier, et je tenais à ce qu'aucun de mes amis ne parte avec une
telle impression de moi. vous quand j'étais redevenu calme. Vous voyez,
monsieur Hubert, que je vous considère comme un ami.

"Un ami!" il s'est excalmé; "si le dévouement de toute ma vie pouvait
suppléer..."

"Arrêt!" s'écria Margaret d'un ton de souffrance, si en désaccord avec le calme
même de son premier discours, qu'il en fut consterné. "Si tout ce que vous
avez professé pour moi n'a pas été une moquerie et une insulte, vous
m'épargnerez cela. Vous vous sentirez aussi en sécurité que si l'avenir était le
passé, que je ne pourrai plus jamais aimer. Vous ne m'offenserez pas, si vous
appréciez l'amitié et le respect que je dois encore vous donner, en imaginant
que je peux à tout moment écouter un tel langage.

"Alors, il n'y a que la misère comme réserve pour nous deux", a déclaré
Hubert Gage.

" Je n'attends pas l'avenir avec autant de découragement que vous, monsieur
Hubert, " dit Margaret, " même maintenant dans la première angoisse de la
découverte et du désespoir ; dans toute la honte et l'agonie d'avoir été dupé
et joué avec... un souffrance que vous ne pourrez jamais comprendre
pleinement ; j'attends l'avenir avec plus de courage que vous. Laissez-moi

d'abord parler de moi. J'ai souvent entendu parler d'un rêve de bonheur total, d'un état d'être trop brillant pour durer ; dissipé par accident, ou le malheur, ou la mort. Mon rêve s'est dissipé. Tout est fini pour moi sauf la vie et ses devoirs ; mais je n'ai pas de suspense et je pense parfois que le suspense est la seule torture sous laquelle on ne peut pas rester tranquille. Tout le reste, croyez-moi. , M. Hubert, est supportable. Je m'éveille à un sens plus profond des devoirs de la vie, de la grande leçon que nous devrions toujours apprendre par la perte de ses plaisirs. Permettez-moi de vous insister sur la même chose. Vous avez, pardonnez-moi, en cherchant un bonheur qui vous a été refusé, vous avez perdu de vue tout ce qui vaut mieux que le bonheur. Comme j'en ai été en quelque sorte la cause, permettez-moi, si je puis, de l'expier. Permettez-moi, si vous m'estimez – je l'espère – de vous exhorter à réparer cette grave erreur. Laissez-moi vous supplier de reprendre votre métier, de diriger votre esprit vers des sujets dignes de votre énergie et de votre talent. Vous savez combien vous raviriez votre père par cette détermination ; et que ce soit votre grande consolation, comme la mienne, que lorsque le bonheur nous est refusé, nous avons encore le pouvoir de le conférer aux autres ; et tout en gardant à l'esprit qu'il y a un ciel au-dessus de nous, ne nous préoccupons pas trop des épines sous nos pieds. »

Alors que Margaret parlait avec un sérieux qui lui faisait sortir les larmes des yeux , le vent d'ouest, doux mais fort, apporta distinctement sur le porche où ils étaient assis le son d'une cloche qui passait.

Les tons étaient si appropriés ; ils semblaient si complètement l'écho de ses sentiments, qu'ils restèrent tous deux parfaitement silencieux pendant quelque temps. Margaret pensait que son compagnon était ému par ses paroles, car il restait le visage caché dans ses mains ; et encore, par intervalles, le bruit sourd frappait leurs oreilles.

« Voilà, dit-il en levant enfin la tête, c'est le glas de la pauvre fille que vous avez vue hier.

"Vraiment ?" » dit Margaret, « je l'envie », et elle s'essuya les yeux une ou deux fois ; mais elle avait à peine la force de pleurer. Elle avait passé la moitié de la nuit en larmes, et elle ressentait maintenant l'épuisement qui suit une forte émotion. "Mais je suis surprise;" dit-elle, "je n'aurais jamais dû imaginer qu'elle était si proche de sa fin. C'est une plainte très perfide. N'est-ce pas ?"

"Je le crois," répondit-il distraitement. "La pauvre mère !" dit Margaret, la voix tremblante, quelle triste détresse il y a autour de nous dans ce monde, et d'autres souffrent aussi, M. Hubert ; il n'y a pas de chagrin comme la mort de ceux que nous aimons.

"Vous pensez à Haveloc ", dit son compagnon, "ça me fait mal de vous entendre parler de lui avec compassion."

« Et pourtant, je pense, M. Hubert, » dit Margaret, « que vous pardonneriez à votre plus grand ennemi dans une telle affliction, et que vous parleriez même gentiment de lui ; en effet, je suis sûr que vous le feriez.

"Je dois partir", s'exclama-t-il, "je ne peux pas supporter cela. À chaque instant, vous me rendez plus cher . Je ne peux pas me résoudre à abandonner l'espoir de gagner un jour votre estime."

« Dois-je essayer de vous convaincre de vous en sortir ? » dit Margaret, dois-je vous convaincre que, comme la plupart des gens calmes, mes sentiments sont très tenaces, et que lorsque je dis que j'en ai fini avec l'amour, je n'utilise pas l'expression commune aux femmes déçues, mais que je parle avec détermination. cela ne pourra jamais subir aucun changement. Et pourtant je vous assure, monsieur Hubert, que mon amitié vaut la peine. Par exemple, je vous donne de très bons conseils.

Margaret essaya de parler joyeusement, mais le sourire ne venait pas.

« Je le suivrai à la lettre, » dit-il ; « Vous ne me reverrez plus tant que je ne pourrai pas dire fièrement que je me suis montré digne de votre intérêt. Si toutes les femmes voulaient ainsi user de leur influence » — Il s'arrêta, incapable, par émotion, de terminer sa phrase.

Margaret changea de sujet.

"Mon oncle va mieux aujourd'hui qu'il ne l'a été depuis un certain temps", a-t-elle déclaré. "Je pense que la perspective de rentrer chez lui a provoqué ce changement, et j'espère que lorsqu'il sera de nouveau confortablement installé à Ashdale , son amélioration se manifestera. soyez rapide."

" Je l'espère, " dit Hubert, " mais mon inquiétude actuelle est à propos de vous ; comment pourrai-je jamais entendre parler de vous ? "

"Si vous avez envie de savoir comment je vais, j'ose dire que Bessy vous le dira dans ses lettres", a déclaré Margaret; mais je m'attends à ce que ma vie soit désormais si monotone que je ne fournirai plus qu'un bulletin.

"Je dois donc vivre de cela", dit-il. " *Eh bien et célibataire.* Ce sera quelque chose que j'entendrai. Et si je ne pouvais pas retrouver un peu de votre courage", ajouta-t-il en regardant avec admiration son visage calme, "je serais indigne du nom d'un homme. Mais vous Je ne sais pas à quel point il m'est difficile de vous quitter alors que vous avez l'air si malade. Vous n'avez pas dormi la nuit dernière.

"Dors, non!" dit Margaret avec *naïveté* .

" Et j'ai peur, " dit Hubert, " que vous ne puissiez prendre soin de vous sans que quelqu'un surveille vos affaires. "

"Il existe un grand remède à mes maux. Le temps", dit tranquillement Margaret; "et je pense que ses ailes ou ses roues bougeront aussi bien en votre absence qu'en votre présence, M. Hubert."

— C'est vrai, je ne peux pas hâter les déplacements de votre médecin, dit Hubert en souriant.

"C'est vrai", dit Margaret en se levant, "séparons-nous maintenant, joyeusement."

"Eh bien, mais donnez-moi vos ordres," répondit-il, "vous ne pouvez pas deviner le charme de suivre implicitement la direction d'une personne qu'on aime."

" Vous les connaissez, je pense, " dit Margaret en souriant, " vous devez aller en mer ; et vous devez vous souvenir de l'époque où chaque gentleman anglais était un érudit aussi bien qu'un soldat. Et comme vous êtes un marin, vous n'aurez aucune difficulté à suivre les exemples du règne d'Élisabeth. En fait, quand je vous reverrai, je vous trouverai très semblable à votre père. Il faudra que vous veniez dire au revoir à mon oncle, car peut-être qu'à votre retour en Angleterre, vous regretterez peut-être de ne pas avoir pris congé d'un si vieil ami.

Elle entra dans la maison : son oncle était dans son fauteuil, attiré près du feu, il avait toujours aussi froid par ce temps d'été.

"M. Hubert Gage est venu vous prendre congé, mon oncle", dit Margaret en se penchant sur sa chaise.

" Oh ! ces adieux, " dit M. Gray se tournant et tendant la main à Hubert ; "C'est la pire partie de la vie. Et où vas-tu, mon cher ami ?"

"En mer, si je peux me mettre à flot", dit Hubert.

"La meilleure chose au monde", a déclaré M. Grey. « Votre père est ravi, n'est-ce pas ?

— Je ne crois pas qu'il soit au courant de ma résolution ; elle a été un peu soudaine, dit Hubert avec une certaine confusion.

"Ah, en effet !" » dit M. Gray « et je rentre chez moi, Hubert.

Il y avait un léger accent sur le mot « maison » qui perturbait la pauvre Margaret.

« Ce pauvre enfant ne va pas bien, » dit M. Grey ; " elle s'inquiète de ma santé ; et la maladie est presque la seule souffrance que nous ne puissions épargner à nos amis. Eh bien, au revoir, et que Dieu vous bénisse ! "

Le ton était tellement plus solennel que celui habituel avec M. Grey, que cela ressemblait à un dernier adieu.

Hubert Gage se tordit la main en silence et le quitta.

Le lendemain, ils repartirent pour rentrer chez eux. M. Gray était parfaitement heureux à l'idée de revoir Ashdale . Margaret était heureuse du changement et du mouvement. Aux questions inquiètes de son oncle, elle répondait toujours qu'elle se portait plutôt bien, et il imaginait qu'elle paraissait si pâle à cause de sa surveillance étroite.

Alors qu'ils approchaient d'Ashdale , il salua chaque objet familier avec autant de satisfaction que s'il avait été absent depuis des années au lieu de plusieurs semaines. Chaque chaumière, chaque ruisseau, chaque détour de la route attirait son attention.

Margaret frissonna lorsque la voiture s'arrêta devant la maison ; elle redoutait les souvenirs que ces chambres familières lui rappelleraient. Le feu brûlait vivement dans le salon. M. Casement se tenait debout sur le tapis de l'âtre. Cette circonstance compléta la satisfaction de M. Grey. C'était vraiment comme à la maison, avec M. Casement au coin du feu.

Margaret, tremblante et frissonnante, et à peine capable de retenir ses larmes, était maintenant accroupie près du feu, qui était aussi bienvenu pour elle que pour son oncle.

« Holloa, petite femme ! c'est vous qui êtes invalide maintenant, semble-t-il, » dit M. Casement, marquant son changement d'apparence.

"L'enfant est fatiguée; ne lui parlez pas, Casement", a déclaré M. Grey.

"Oh ! avez-vous eu des nouvelles de maître Claude ?" » demanda M. Casement. — Il a recommencé à faire la cour, c'est tout. Je n'ai jamais connu un pareil garçon.

"C'est absurde ; je n'écoute jamais de tels rapports", a déclaré M. Grey. "Je n'en crois pas un mot !"

" Très bien, demandez au vieux Warde ; c'est tout. C'est lui qui me l'a dit ", dit M. Casement, persistant dans sa nouvelle parce qu'il voyait que cela ennuyait son vieil ami.

"Je ne le croirai jamais; je le connais mieux", a déclaré M. Grey.

"Eh bien, eh bien ! Je ne l'ai accusé d'aucun crime : n'est-ce pas, petite femme ?"

"Pas du tout, Monsieur," dit Margaret d'un ton ferme.

M. Gray regarda Margaret avec un sourire. Il était rassuré par sa voix calme, elle ne croyait pas plus que lui au rapport ; il tourna donc le sujet et n'y pensa plus.

Mais son retour au pays, qu'il attendait avec tant de plaisir, ne produisit pas le bon effet qu'il avait souhaité et espéré. Il devenait chaque jour plus faible, plus inapte à l'effort, que ce soit physiquement ou mentalement. Finalement, comme il lui était devenu trop difficile de quitter sa chambre et qu'il était incapable de rester assis plus de quelques heures par jour, il dit un soir à Margaret qu'il s'était senti plus languissant que d'habitude : « Mon Mon enfant, je pense que tu dois écrire à Claude Haveloc . Dis-lui que je désire le voir sans délai.

CHAPITRE XV.

Oh! Monsieur, je vous ai aimé
d'un cœur si ferme qu'à cette minute où vous m'avez méprisé ou plutôt
trahi, j'ai fait le vœu d'obéir à votre dernier décret, et de ne plus espérer
aucun espoir, devrait m'apporter du réconfort de cette façon. ça me
convient, sois désormais toujours réduit au silence.
BEAUMONT ET FLETCHER.

Mme Fitzpatrick était dotée d'un esprit d'une force inhabituelle ; mais
pendant quelques jours, toute la force d'âme qu'elle possédait parut
l'abandonner. Elle découvrit, comme beaucoup d'autres, que souvent, même
si elle s'était imaginé ce qui devait arriver, toutes ses imaginations étaient bien
loin de la désolation et de l'angoisse de la réalité. M. Haveloc a pris sur lui
toutes ces dispositions qui sont si pénibles pour les survivants. Elle ne le
voyait pas, mais elle lui envoyait parfois quelques mots au crayon pour
exprimer ses vœux. Elle avait très peu de parents, et ces quelques-uns
résidaient loin dans le nord de l'Irlande ; et le seul parent de son mari dont il
ait jamais entendu le nom était Lord Raymond, dont le domaine de
Wardenscourt se trouvait à quelques milles du sien. Il écrivit à ce noble pour
lui faire part de la mort d'Aveline, comme ses autres parents ; et à sa grande
surprise, Lord Raymond répondit en personne à sa lettre dès que possible.

C'était un homme très bien intentionné, et il pensait que ce serait une marque
d'attention envers Mme Fitzpatrick et à la mémoire de son mari, s'il assistait
aux funérailles de leur enfant ; car ils avaient si peu de relations que, sans lui,
elle aurait été suivie jusqu'à la tombe par des étrangers.

Il devint l'hôte de M. Haveloc pendant une semaine et réussit à passer assez
bien son temps étant donné qu'il était loin de tous ses chevaux. Dans ce lieu
retiré, il ne se sentait pas obligé de s'enfermer dans la maison ; il se mit à tirer
sur les mouettes et acquiert quelques habiletés avec le fusil. Il veillait sur le
poney norvégien et s'efforçait de ressentir un certain intérêt pour ses
démarches ; il aida M. Haveloc à lui donner du pain depuis la fenêtre et essaya
de garder à l'esprit qu'il était un cheval, et donc un objet de respect et
d'importance. Il se promenait dans les jardins et mangeait les fruits, et sortait
en bateau pour visiter le yacht ; et exprima le souhait de l'acheter, et
abandonna l'idée, car il n'était pas sûr que Lucy se souciait de la croisière ; et
chaque fois que son hôte paraissait abattu, il s'efforçait de lui présenter ses
condoléances, et fort heureusement, il ne pouvait jamais le faire, à cause de
son bégaiement.

Et pendant la semaine où il restait, il était connu pour écrire une lettre ; mais
la littérature n'était pas son point fort, et personne ne l'a jamais vu se lancer
dans un livre.

Chaque fois que M. Haveloc se rendait au chalet pour s'enquérir de Mme Fitzpatrick, il désirait que ses compliments et ses demandes puissent être ajoutés aux siens ; et il demandait habituellement, en même temps, si Mme Fitzpatrick n'était pas une très belle femme, ajoutant que tel était son souvenir d'elle il y a quelques années.

Le jour des funérailles arriva. Lord Raymond et M. Haveloc étaient les seules personnes qui y assistaient.

Mme Fitzpatrick avait souhaité le faire, mais son ami, M. Lindsay lui avait interdit péremptoirement, et elle a acquiescé. Son esprit était trop brisé pour tenter de s'opposer, même sur une chose de peu d'importance.

Elle envoya quelques lignes à Lord Raymond, le remerciant de sa gentillesse, mais elle déclina la visite qu'il s'était porté volontaire pour lui rendre. Elle avait une appréciation très raisonnable des condoléances d'un étranger.

Deux ou trois semaines s'écoulèrent avant qu'elle puisse se donner suffisamment de courage pour admettre M. Haveloc ; mais enfin, craignant qu'il ne quitte le quartier sans qu'elle le voie, elle le fit venir.

M. Lindsay était avec elle dans le salon ; elle avait l'air terriblement malade et sa main était froide comme de la glace. M. Haveloc prit une chaise à côté d'elle et essaya en vain de parler. Il y avait quelque chose de si absolu dans son deuil, qu'il restait muet devant elle ; il sentit pour la première fois l'influence de cette douleur qui « rend grand celui qui la possède ».

Il incombait à M. Lindsay de soutenir la conversation.

" Vous ne vous êtes donc pas encore séparé de votre yacht, M. Haveloc , " dit-il, " nous perdrons un joli objet lorsqu'il quittera cette partie de la côte. "

"Non ; j'ai eu presque l'occasion de me débarrasser d'elle ces derniers temps", a déclaré M. Haveloc , "je pensais que Lord Raymond aurait..."

Et il s'arrêta brusquement, se rappelant que Lord Raymond était venu chez lui exprès pour assister aux funérailles d'Aveline. "Oui, vous trouvez, comme beaucoup d'autres personnes, qu'il est beaucoup plus facile d'acheter un jouet que de s'en séparer."

"Exactement."

"Tant de gens veulent vendre, et si peu se soucient d'acheter", a poursuivi M. Lindsay.

"C'est exactement le cas."

« Savez-vous », dit M. Lindsay en se tournant vers Mme Fitzpatrick, comme si c'était un sujet auquel elle devait s'intéresser profondément ; "Je suis sûr que nous aurons un très bel automne !"

"Vous le pensez ! Vous êtes un excellent juge du temps", dit Mme Fitzpatrick d'une voix langoureuse.

"Je verrai les Pyrénées avantageusement dans un mois", a déclaré M. Haveloc
.

"Ah! vous êtes un voyageur . Il est singulier que personne ne reste à la maison de nos jours", a déclaré M. Lindsay. "Je voudrais savoir où vous verriez un pays plus beau que le vôtre ?"

"Je n'attends que de la nouveauté dans ma tournée", a déclaré M. Haveloc . "C'est vrai. Pour vous, c'est la meilleure chose qui puisse vous arriver", dit le docteur avec un air de commisération. "Changement de décor. Les jeunes, ma chère Mme Fitzpatrick, peuvent fuir la pensée. Vous et moi sommes obligés de nous fier au temps seul."

Haveloc fut frappé par le fait que le médecin et Lord Raymond semblaient tenir pour acquis qu'il devait être attaché à Aveline, ce pour quoi, avec son impatience habituelle, il les traita d'idiots et n'y pensa plus.

Finalement , le médecin prit congé, puis Mme Fitzpatrick, se tournant vers M. Haveloc , lui dit d'une voix ferme : « J'aimerais que vous, M. Haveloc , m'emmeniez voir la tombe d'Aveline. Je ne sais pas. où il se trouve, et je ne pourrais demander à personne d' autre de me le faire remarquer.

M. Haveloc y consentit directement. Mme Grant, qui était toujours dans la maison et entra avec la tenue de promenade de sa maîtresse, hésitait beaucoup à partir. Elle fondait ses objections sur l'herbe mouillée et sur la quantité de pluie tombée.

« Mon Dieu, Mme Grant, » dit Mme Fitzpatrick, en attachant son châle, « j'aimerais qu'un peu d'herbe humide puisse me faire du mal ; » et se tournant vers M. Haveloc , elle répéta avec un demi-sourire . "Quand l'esprit est libre, le corps est délicat."

C'était une douce et belle soirée. Ils marchèrent lentement et en silence vers le cimetière. À moitié caché parmi les collines, vous descendez l'étroite ruelle ombragée et vous arrivez soudainement au cimetière tranquille et à la petite église du village. Les longues ombres s'étendaient sur les tombes ; les corbeaux tournaient et s'installaient parmi les arbres environnants, et la pluie avait fait ressortir les parfums mêlés de fleurs et d'arbustes de chaque bosquet.

"C'est très humide", a déclaré M. Haveloc alors qu'ils marchaient sur les longues herbes saturées .

"Cela n'a pas d'importance", a répondu Mme Fitzpatrick. « Savez-vous, ajouta-t-elle, que le soir de ses funérailles, j'ai regardé par ma fenêtre et j'ai été tout soulagée de voir le gazon blanchi par le grand clair de lune. Si la pluie avait battu sa tombe cette première nuit... mais c'est très faible.

"Je ne peux pas le penser", a déclaré M. Haveloc . "Je ne peux pas croire qu'aucun des sentiments naturels que nous chérissons pour les restes de ceux qui nous sont chers puisse être classé comme des faiblesses à ridiculiser ou à surmonter. Je déteste la philosophie qui peut analyser et rejeter le plus sacré de nos affections - qui peuvent priver la mort de la crainte et du mystère qui devraient protéger et entourer l'effigie essoufflée destinée à être immortelle. Une philosophie si aveugle qu'elle ne voit qu'un tas d'argile dans les cendres qui attendent le souffle de Dieu pour les appeler. au ciel!"

"Vous vous sentez toujours fort, vous savez", a déclaré Mme Fitzpatrick avec un léger sourire.

Ils avaient alors traversé le cimetière et s'arrêtèrent devant une tombe récente . Elle était recouverte de pierre blanche, et une croix du même matériau, sculptée à la manière anglaise, portait la simple inscription de son nom et de son âge.

"Déjà!" a déclaré Mme Fitzpatrick, "Je suis surprise. Je n'avais aucune idée que cela aurait pu être fait si tôt."

"Il a été déposé ici deux jours après les funérailles", a précisé M. Haveloc . "Je n'ai pas choisi que l'endroit reste anonyme."

En un autre temps, Mme Fitzpatrick aurait souri de la volonté propre dont son compagnon était enclin à faire preuve, même dans des bagatelles ; et je me suis demandé à quel point cela lui serait utile dans les affaires sérieuses de la vie. Mais maintenant elle s'appuyait sur la croix, absorbée par ses propres pensées douloureuses ; son esprit errait involontairement de scène en scène de la maladie et de la mort de sa fille. Chaque ton, chaque changement de visage se présentaient tour à tour à sa mémoire.

Tout était parfaitement calme. Il était très rare qu'un pas, sauf le dimanche, traverse ce bel endroit. L'un des avantages découlant d'une population faiblement dispersée est le repos décent accordé aux morts. Ici, les tombes n'étaient pas bondées et il n'était pas nécessaire de les déranger pour les nouveaux détenus. Les vieux monticules s'enfonçaient au niveau du sol, et les pierres grises s'écroulaient dans toutes les positions sur le sol. Les vieux ifs non taillés, pennés jusqu'au sol, abritaient le côté nord du sol des vents froids.

Elle n'était pas infestée, comme dans les lieux populeux, d'enfants grossiers des classes inférieures, remplissant les lieux de bruits discordants et de gestes hideux, et méprisant de leurs pieds grossiers la terre consacrée à un dessein si solennel.

Enfin, M. Haveloc interrompit la rêverie de son compagnon.

« Il est tard, dit-il, et je crains que vous ne soyez très mouillé. Laissez-moi vous conseiller de rentrer chez vous.

"Maison!" » dit tristement Mme Fitzpatrick. "A quoi dois-je revenir ? Je suis moins solitaire ici que dans ma propre maison."

« Il faut vous persuader, » dit-il en la faisant sortir du tombeau. "Mme Grant sera, j'en suis sûr, malheureuse jusqu'à ce qu'elle vous revoie."

" C'est vrai, dit-elle, je ne devrais pas me livrer à de tels sentiments. Comme c'est silencieux ! Comme c'est ineffablement immobile ! Je ressens si profondément la convenance et le luxe de ce calme qui entoure les morts, maintenant que j'ai aussi un trésor. enterré ici. »

Ils rentrèrent chez eux à pied. Leurs pas bruissaient dans les hautes herbes ; et le loquet du guichet tomba avec un bruit sec, tant le calme de l'endroit était profond.

A la porte de la chaumière , ils rencontrèrent le facteur ; toujours en retard et souvent très irrégulier dans ce village. Il connaissait M. Haveloc de vue ; et, heureux d'échapper à une promenade jusqu'à sa résidence, il toucha son chapeau et lui présenta une lettre. L'écriture était celle de Margaret. Il l'avait souvent vu et admiré sa beauté, bien qu'elle ne lui eût jamais écrit auparavant.

Connaissant les conditions dans lesquelles M. Gray avait accepté qu'elle lui écrive, il hésita à l'ouvrir. Il savait qu'il devait contenir de mauvaises nouvelles sur la santé de son ami.

"Mais lisez-le, M. Haveloc ", dit Mme Fitzpatrick, qui était restée debout à jeter un coup d'œil sur une ou deux lettres indifférentes, alors qu'il hésitait. "Tu ne ferais pas de cérémonie avec moi."

Il le déchira de ses mains tremblantes et lut les lignes suivantes :

> " M. Gray m'a demandé de vous convoquer à Ashdale . Il
> est très malade ; et je vous le dis maintenant, parce qu'il est
> plus facile de l'écrire que de le parler ; que nous devons nous
> rencontrer et nous séparer en étrangers. "

CHAPITRE XVI.

Qu'est-ce que la vie ? Une frénésie ;
Qu'est-ce que la vie ? Une ilusion ,
une sombra, une fiction ,
Y el mayor bien es pequeño .
Que toute la vie est belle ,
et les sueños , sueño fils.
LA VIDA ES SUEÑO, JORN. 2.

Rien ne pouvait dépasser son étonnement et son désarroi à la lecture de cette missive courte et décisive. Il resta sans voix, cloué au sol, pendant quelques instants, incapable d'en croire ses yeux. Il aurait misé plus que sa vie sur la constance de Margaret ; et à un tel moment de rompre avec lui – maintenant, alors que son oncle gisait, peut-être, mourant. Il y avait un raffinement dans sa cruauté. Il ne pouvait pas comprendre un mot ; » et il resta à regarder avec perplexité le papier qu'il tenait à la main.

"Je crains que vous ayez reçu de mauvaises nouvelles, M. Haveloc ?" dit Mme Fitzpatrick en le regardant avec inquiétude.

"J'ai... très mal", dit-il. "Mon ami, M. Grey, est très malade ; dangereusement, j'en suis sûr. Je ne dois pas perdre un instant : il m'a convoqué. Je dois partir immédiatement."

Ils échangèrent un adieu précipité ; Au bout d'une heure, il courait sur la route aussi vite que quatre chevaux, et des postillons, soudoyés à l'extrême, pouvaient faire tournoyer sa voiture.

Il tenait toujours à la main la lettre qui l'avait convoqué à Ashdale . Il l'a lu encore et encore.

Qu'est-ce qui a pu provoquer ce changement soudain ? Il était perdu dans ses conjectures et son désarroi.

de sa présence chez Aveline lui fussent parvenues ; et qu'elle interprétait à tort ses visites comme une dévotion qui ne s'était jamais écartée d'elle-même. Mais il rejeta aussitôt cette supposition comme étant impossible.

Si elle s'était trompée sur sa conduite sur ce point, elle aurait exigé une explication. Rien n'aurait dû l'en dissuader. Elle avait entendu parler par un ami officieux de ses attentions envers Mme Maxwell Dorset, dont il maudissait fréquemment la mémoire, mais jamais avec autant de ferveur qu'aujourd'hui. Et sa délicatesse l'empêchait de faire allusion à la cause de son ressentiment.

La colère a réussi ici à angoisser. Si elle pouvait le renvoyer pour une liaison survenue avant qu'il ne la connaisse, elle ne valait certainement pas le regret qu'il ne pouvait cependant pas entièrement étouffer. Si son amour pouvait être brisé comme un fil dès qu'elle avait un motif de mécontentement contre lui, cela ne valait pas la peine de le préserver. C'était la mesure la plus singulière, certainement la plus injustifiable dont il ait jamais entendu parler. Cependant, il n'avait rien d'autre à faire que d'acquiescer. Ce n'était pas à lui de surmonter ses scrupules déraisonnables. Non! il remercia le Ciel, il pouvait prendre l'affaire aussi froidement qu'elle paraissait le faire. Ses ordres étaient certainement exprimés avec la plus grande brièveté – il supposait qu'elle ne le considérait pas comme valant le gaspillage de nombreux mots. Certaines dames pouvaient renvoyer un amant plus facilement qu'un chien de compagnie. Il a salué sa décision et l'affaire a été réglée.

Arrivé à ces réflexions, il se jeta avec beaucoup de dignité dans un coin de la voiture et essaya de s'endormir.

N'ayant pas réussi cette tentative, le mieux était de découvrir qu'il allait à pas de tortue et de voler avec passion avec les postiers ; et se mettre dans une fièvre d'excitation qui augmentait à chaque kilomètre parcouru. Soudain, il se souvint du testament qu'il avait incité M. Gray à rédiger – un testament qui privait Margaret de ce qui aurait sans aucun doute été son héritage.

Comme il n'avait jamais pensé qu'une circonstance puisse survenir qui l'amènerait à regretter un tel arrangement. Maintenant, il faut l'annuler sans délai – un nouveau testament doit être rédigé.

Bon Dieu, s'il arrivait trop tard ! Et il baissa les jumelles et lança un nouvel exorde aux postillons.

Enfin, il atteignit Ashdale . Il était une heure du matin ; les portes s'ouvrirent aussitôt que les pas des chevaux se firent entendre, preuve évidente qu'il était attendu avec impatience. Il se jeta hors de la voiture et se précipita vers le domestique dans le hall.

"M. Grey—"

"Il est très malade, monsieur; on ne s'attend pas à ce qu'il vive jusqu'au matin."

"Pas avant le matin, mon Dieu ! et cette Volonté..." murmura-t-il en se précipitant à l'étage. Il pensait déjà plus à Margaret qu'à M. Gray. Margaret était assise au bord du lit, près de l'oreiller de son oncle ; aussi immobile et aussi blanc qu'une figure moulée dans la cire. Ses yeux étaient fixés sur son visage ; une main reposait dans la sienne ; l'autre pendait, apathique, à ses côtés. M. Casement se tenait appuyé au pied du lit, l'air, pour lui rendre justice, très inconsolable. Margaret leva ses yeux lourds et jeta un regard à M. Haveloc . Il était en deuil ; un signe de respect qu'il avait jugé bon de rendre à Aveline ; cette vue lui fit vibrer le cœur.

Elle se pencha sur son oncle et l'embrassa sur le front.

"Mon cher oncle, M. Haveloc ", murmura-t-elle.

M. Haveloc s'approcha du lit et prit la main de M. Grey, à laquelle Margaret se résigna.

"Ah, Claude !" dit M. Gray avec un léger sourire.

Ce furent les derniers mots qu'il prononça. Presque aussitôt après, il tomba dans une sorte de somnolence ; ses yeux à moitié fermés.

M. Haveloc se retourna brusquement, saisit M. Casement par le bras et le conduisit à la fenêtre. Il ne s'était jamais adressé à M. Casement de sa vie auparavant, et ce monsieur pourrait être pardonné d'avoir semblé extrêmement surpris à cette occasion.

"Dis-moi, comment va-t-il ?" dit M. Haveloc .

"N'importe qui pourrait voir cela avec un demi-œil, je pense", marmonna M. Casement plus bourru que d'habitude, car il avait envie de pleurer.

"Mon Dieu, on ne peut rien faire !" s'exclama M. Haveloc en joignant les mains.

"Rien du tout", répondit M. Casement. "Le médecin est parti à huit heures et M. Warde à dix heures. Quand le médecin et le curé partiront tous les deux, je suppose que tout sera fini."

" Bon Dieu ! et j'ai quelque chose de la dernière importance à lui communiquer ! " s'exclama M. Haveloc . "Ah, jeune ! c'est intelligent de votre part de laisser cela jusqu'au bout", dit M. Casement.

" Bon Dieu ! quand j'étais absent... quand je ne le savais pas auparavant. Il s'agit de sa nièce... "

"Oh ! quelques histoires à propos de Miss Peggy , vous pouvez me les raconter. Je suis nommé l'un de ses tuteurs."

M. Haveloc se détourna brusquement et resta debout à côté du lit, observant M. Gray avec un vif intérêt. Finalement, il pensa qu'il était tout à fait possible que Margaret ait tout arrangé avec son oncle avant de lui écrire.

"Votre oncle était-il au courant de la résolution que vous m'avez annoncée dans votre lettre d'hier ?" » demanda-t-il froidement.

"Chut ! non. Ne lui parle pas ;" » dit Margaret en reculant avec une apparence de terreur.

Il soupira et s'éloigna un peu de sa chaise. M. Casement s'approcha du lit et il vit que tout serait bientôt fini. Margaret était assise, paralysée par la peur, observant l'expression particulière et sérieuse du visage qui marque que lorsque les sens sont scellés, l'âme est toujours éveillée et attend d'être libérée. Et c'est à la fois horrible et sublime lorsqu'aucune pause ou cessation de conscience n'a lieu et que l'esprit passe d'une existence à l'autre sans un intervalle de sommeil.

"Viens petite femme, viens;" » dit M. Casement en lui prenant la main et en la soulevant de sa chaise, « vous ne pouvez plus rien faire. Il ne verra ni ne connaîtra plus personne.

Elle n'avait aucun pouvoir pour résister ; elle ne se serait opposée à rien. Elle se laissa conduire en silence hors de la chambre ; et ainsi le dernier moment effroyable où l'esprit disparaît de sa demeure humaine a été épargné.

CHAPITRE XVII.

Ne reste-t-il plus que la séparation de tout
l'amour que nous nous portons ? Est-il facile de briser la confiance et la foi
? Tous les contes de constance, qui font battre le cœur haut, sont-ils de
simples fables ? — Alors, en effet, adieu ! — il est temps.
ANON.

Le lendemain matin, M. Warde arriva tôt à Ashdale et, constatant que tout
était fini, il emmena Margaret chez lui au presbytère.

Elle était restée assise toute la nuit et, à cause du jeûne et du manque de
sommeil, elle était parfaitement épuisée.

Mme Somerton et Blanche étaient au presbytère et elles étaient toutes deux
très gentilles avec Margaret. En effet, de nombreuses femmes, peu dignes de
respect dans leur conduite générale, sont prêtes à faire preuve de gentillesse
envers les autres malgré la souffrance réelle.

Mme Somerton insista pour que Margaret se couche immédiatement, et
Blanche apporta du thé à son chevet dès qu'elle fut déshabillée. Elle garda
son lit pendant quelques jours. Tout ce qu'elle avait enduré ces derniers
temps la déstabilisait complètement ; et quand enfin elle fit l'effort de se lever,
ses membres tremblèrent tellement, que ce fut avec la plus grande difficulté
qu'elle put descendre l'escalier ; et là, assise dans un fauteuil, elle restait
chaque jour quelques heures, incapable de supporter la fatigue de parler, ni
même d'écouter ce qui se passait.

Lorsque le testament de M. Grey a été lu, il a été constaté qu'il avait légué sa
succession à son cousin, M. Trevor, du service de la Compagnie des Indes
orientales ; une rente à un ou deux domestiques ; et un héritage de dix mille
livres à sa nièce Margaret Capel. Margaret fut très touchée lorsque M. Warde
lui annonça cette nouvelle ; elle répétait sans cesse combien c'était gentil de
la part de son oncle de lui avoir laissé cet argent ; un trait qui plut beaucoup
à M. Warde , car il craignait qu'elle ne soit très déçue que son oncle ne lui ait
pas laissé l'essentiel de ses biens. Cependant, un grand nombre de personnes
ont gentiment accepté d'être déçues pour elle ; et dire que c'était une honte
de la part de M. Grey, après l'avoir obligée à vivre avec lui, de la traiter de
cette manière et de lui couper dix mille livres ; et que les vieillards n'ont jamais
su laisser leur argent pour donner satisfaction à leurs proches ; ce qui est
assez vrai.

Personne ne savait que c'était la faute de Margaret ; qu'elle était dans le secret,
et qu'un mot d'elle, après sa rupture avec M. Haveloc , aurait amené son oncle
à modifier son testament et à lui confier tous ses biens ; mais son seul but
était de lui épargner la connaissance d'un événement qui le ferait souffrir ;

elle n'a jamais pensé à assurer sa fortune. M. Warde lui a dit que lui et M. Casement étaient désignés comme ses tuteurs jusqu'à ce qu'elle se marie ou devienne majeure; et qu'il pensait que son meilleur projet serait de résider avec une dame qui pourrait lui offrir une maison confortable et désireuse de profiter de cet arrangement ; qu'une telle personne serait facile à trouver, mais qu'il espérait pour le moment qu'elle resterait au Presbytère ; afin qu'ils puissent regarder à loisir et choisir la résidence qui présentera le plus d'avantages. Margaret le remercia beaucoup pour sa gentillesse ; pour l'avenir, elle éprouvait une sorte de vague indifférence. Elle accéda immédiatement à ses projets et ne réfléchit guère à ses perspectives.

Blanche Somerton, qui avait été excessivement gentille, voire délicate dans ses attentions, jusqu'après les funérailles de M. Grey, commençait maintenant à penser que le chagrin langoureux de Margaret était un peu déplacé. Elle faisait partie de ceux qui pensent que tous les regrets sont tout à fait inutiles et insensés une fois les morts enterrés. Ses propres émotions étaient orageuses et brèves ; et elle sentit avec bonhomie qu'il était grand temps de commencer à remonter le moral de Margaret.

"Je déclare, je vous envie de toutes choses;" dit-elle un matin, avec vingt mille livres, vous pouvez sûrement faire un très bon mariage. Mais tout dépend de l'endroit où oncle Warde vous place ; suivez mon conseil et n'allez pas chez un méthodiste. Je trouverais une douairière à Bath, ou Cheltenham pour m'emmener dehors, si j'étais vous. Vous pourriez trouver quelque chose de très avantageux à Bath ; mieux je pense qu'à Londres. Il y a tellement de concurrence ; même si vous êtes certainement très jolie, non que je vous aime en deuil. "

Ici Marguerite, qui était langoureusement allongée dans un fauteuil, se mit à pleurer, pour ainsi dire furtivement, en s'essuyant doucement les yeux avec son mouchoir.

" Oh ! ma chère, vous avez le moral misérable ", s'écria Blanche. " Vous ne savez pas à quel point cela me peine de vous voir. Vous devriez bien sortir et vous amuser ; nous avons tous nos ennuis, je vous l'assure. J'ai parfois beaucoup de mal à supporter. "

"Oui; je serais en effet égoïste si je me croyais la seule personne affligée", a déclaré Margaret. "Je suis vraiment désolé d'apprendre que vous avez une cause immédiate de détresse."

Ici, M. Warde est apparu à la porte ; il fit signe à Blanche, et après quelques mots murmurés, cette jeune femme hocha la tête et monta les escaliers . M. Warde s'est alors approché de Margaret et a pris une chaise à ses côtés.

"Ma chère," dit-il, "M. Haveloc souhaite vous voir."

Le cœur de Margaret battait si fort qu'elle pouvait à peine respirer.

"J'ai pensé que, comme il était un ami intime de votre oncle, je ferais mieux de vous préparer pour sa visite", a déclaré M. Warde . "Je craignais que vous ne soyez agité s'il entrait sans être annoncé."

« Dois-je le voir ? » demanda Margaret dès qu'elle put prononcer un mot.

"Certainement pas, si vous estimez que l'effort serait trop important", a déclaré M. Warde . " Il semblait très désireux de vous présenter ses respects, avant de quitter les lieux. Je comprends qu'il ait l'intention de partir à l'étranger pendant quelques années : et je suppose qu'après vous avoir rencontré fréquemment chez votre oncle, il n'a pas souhaité quitter le pays sans Je vous prends congé. Mais ne vous exercez en aucun cas. Je lui porterai un message, si vous vous sentez le moins du monde incapable de le voir.

Margaret posa la main sur le bras de M. Warde comme pour le retenir. Tout semblait tourbillonner ; elle ne pouvait pas entendre distinctement ses dernières paroles ; il y avait un bruit et des vertiges dans son cerveau. Aller à l'étranger! Alors tout était fini ; il était aussi déterminé qu'elle à annuler leurs fiançailles. Elle aurait dû aimer un peu de réticence, un peu d'hésitation ; peut-être une petite supplication. Mais c'était bien. Elle pouvait être fière maintenant – aucune faiblesse.

"Est-il ici?" elle a demandé à M. Warde .

"Oui, j'attends dans mon bureau."

« Alors qu'il vienne tout de suite, dit-elle, tout de suite, parce que je ne suis pas d'humeur à pleurer maintenant, et parce que je ne pourrais pas répondre de moi-même dans une demi-heure.

M. Warde lui serra la main et partit à la recherche de M. Haveloc .

Margaret entendit ses pas avec un mal de cœur qu'elle ne pouvait contrôler : il entra, s'inclina, s'assit à une certaine distance ; puis il se releva, rapprocha sa chaise et s'assit à côté d'elle.

Ils restèrent tous les deux silencieux, Margaret luttant contre ses larmes. M. Haveloc regarde par terre, ne sachant absolument pas par où commencer.

Mais après une courte pause, pendant laquelle elle serra plus fort le bras de son fauteuil, Margaret refoula ses larmes et dit à voix basse : « Nous avons tous deux tellement perdu, et si récemment, M. Haveloc , que nous ne pouvons pas le faire. il n'est pas facile d'y faire allusion.

Elle ne l'avait jamais vu si pâle, ni si misérable, et elle sentit qu'elle lui pardonnait tout, même si elle luttait très fort contre ce sentiment. Inconsciemment, sa voix prit un ton plus doux et son visage reflétait la compassion qu'elle ressentait. Mais sa compagne, tout autant offensée que peinée, par son rejet, n'avait pas l'habileté de lire ces signes d'une résolution adoucie.

"Je ne me suis pas immiscé dans votre démarche avec cette intention", a-t-il déclaré. "J'avais à vous expliquer quelque chose qui me cause un grand chagrin, mais auquel je ne trouve aucun remède."

Margaret se pencha en avant avec beaucoup d'anxiété, M. Haveloc procéda avec une froideur accrue.

"Quand j'ai eu des raisons de supposer que vous aviez l'intention de m'honorer de votre main, j'ai demandé à M. Gray de régler sa succession sur son prochain héritier, car j'imaginais que j'en avais plus qu'assez pour tous nos souhaits; et j'avoue que cela Il a plu à mon orgueil de croire que, grâce à mes seuls moyens, la femme que j'aimais serait entourée de tous les luxes et raffinements de la vie.

"Je sais," dit Margaret. " Il m'a raconté ce qui avait été fait. J'en étais content. Je ne vois pas pourquoi cela devrait vous ennuyer. "

" Cela me fait de la peine de me considérer comme le moyen de vous avoir privé d'une noble fortune, " dit M. Haveloc , " une fortune que j'ai autrefois cru vainement pouvoir vous compenser. Mais je ne savais pas que vous Je le savais, et je craignais que vous ne pensiez que votre oncle était inconstant ou méchant, au lieu d'attribuer cet acte à ma confiance malavisée… dans l'avenir.

"Vous avez tout à fait raison, M. Haveloc ", a déclaré Margaret. "Je le souhaitais alors, et je ne suis pas plus disposé à le rejeter maintenant. M. Trevor est un homme digne, avec une jeune famille. Il appréciera son héritage; et j'espère seulement qu'il chérira la mémoire de mon oncle aussi chaleureusement que Je le ferai un jour." Elle avait du mal à garder une voix tout à fait ferme, juste à la fin ; mais elle fit une petite pause et réussit.

"Comme vous n'avez daigné me donner aucune explication sur votre changement d'objectif", a déclaré M. Haveloc . "Je suis incapable de me défendre ou de plaider pour ce qui, en vérité, me tient beaucoup à cœur. Il y a en effet un passage de ma vie auquel il est possible que vos motivations se réfèrent; dans ce cas, je Je devrais, je l'avoue, rester sans défense . Je ne peux pas défaire le passé !

« Je le sais, » dit Margaret précipitamment ; « Je serais désolé si… je veux dire que je souhaite oublier complètement… tout cela… je veux dire, que nous ayons jamais été dans d'autres termes que… »

"Je ne doute pas que vous réussirez parfaitement", a déclaré M. Haveloc en se levant de sa chaise tout en parlant.

Il y avait dans cette remarque une pointe d'ironie qui la piqua au vif. Alors que tout ce qu'elle avait enduré et qu'elle devait encore endurer était devant elle, se faire dire qu'il lui serait facile d'oublier le passé lui était insupportable. Son cœur s'est gonflé, mais il y a beaucoup d'endurance chez une femme ; comme beaucoup de gens le savent, car ils l'ont mis à l'épreuve.

Toute la fierté de sa nature était éveillée.

— Vous n'avez plus rien à dire, je crois, dit-elle en se redressant.

« Je pourrais dire mille choses », s'écria-t-il avec un changement de manière passionné ; " si je croyais que vous aviez la patience de m'entendre. Mais vous ne vous souciez pas de mes pensées ; et peut-être ne mérite-t-il que peu de considération. Toujours de votre part, mais ces tempêtes viennent toujours du côté auquel nous sommes le moins préparés. Vous Je ne sais guère ce que vous faites en me rejetant. Mais j'espère que je ne suis pas tant l'esclave des circonstances que d'être rendu imprudent par le malheur. Et vous, Margaret, est-il – dans toutes les chances de l'avenir – est-il probable que n'importe quel homme t'aimera comme je l'ai fait ?

"M. Haveloc !" » dit Margaret, encore plus offensée.

"Et ce malheureux Will !" » continua-t-il, « Je souffre plus de ce sujet que vous ne voudriez le croire si je devais le décrire : un jour vous imputerez cela à mes autres offenses, si, en effet, vous pouvez alors vous rappeler mon nom.

"Vous me faites une grande injustice en pensée", dit Margaret. " Si cela peut vous soulager, laissez-moi vous assurer encore une fois qu'il n'y a rien dans tout ce chapitre des accidents qui puisse me préoccuper si peu. Je ne suis pas appelé à supporter la pauvreté, souvenez-vous-en. "

"Alors," dit M. Haveloc , "nous n'avons qu'à nous séparer. Comme c'est difficile pour moi, aucun mot ne peut parler, mais les choses qui sont inévitables feraient mieux d'être faites rapidement. Alors, adieu."

Sans autre mot, ni regard, ni geste, il se précipita hors de la pièce et de la maison.

Margaret resta assise pendant un moment, essayant de se souvenir de tout ce qu'il avait dit. Il ne lui avait pas demandé de lui pardonner – il avait simplement dit qu'il ne pouvait pas défaire le passé ; il n'avait pas supplié, comme il aurait pu le faire, qu'elle lui donne le temps et l'occasion de le récupérer. Il semblait qu'il était disposé – voire anxieux, à être libéré – il avait pris des dispositions avant de la voir, ce qui prouvait qu'il avait décidé que ce serait leur dernière rencontre. Elle était morte, et c'est pourquoi il aurait pu tenter de retourner auprès de Margaret s'il avait désiré une réconciliation. Mais non, elle l'avait offensé, et il était trop fier pour le souhaiter. Margaret essayait de penser que c'était mieux pour les deux ; mais un sentiment d'agonie, équivalant presque à une suffocation, ne voulait pas que cela se produise. Si elle avait pu pleurer – mais aucune larme ne coulait – alors elle resta allongée, impuissante, sur sa chaise, regardant le meuble d'ébène qui se trouvait en face d'abord s'éloigner de plus en plus, puis semblait flotter devant ses yeux, jusqu'à ce que les sens et la mémoire disparaissent ensemble, et elle tomba dans un profond évanouissement.

Il fallut un certain temps avant que Blanche, qui descendait dès que M. Haveloc quittait la maison , pût redonner conscience à Margaret. Quand elle a réussi, elle était pleine de condoléances.

« Quel ennui, ma chère créature, dit-elle, que vous ayez à recevoir cet horrible homme. Si cela avait été quelqu'un d' autre, cela aurait pu vous faire tout le bien du monde ; car vous auriez pu le faire. " J'ai eu un joli petit flirt pour vous remonter le moral. Mais quant à lui, je le déteste ; ses manières sont si brusques. Bien sûr, il a commencé à parler du pauvre cher M. Grey. Tellement mal à propos . "

"Il a parlé de mon oncle", a déclaré Margaret.

"Je le savais!" s'écria Blanche. "C'était tout. J'aurais aimé qu'il y ait un petit bal sympa auquel tu pourrais aller ou un concert, mais cet endroit est un ermitage parfait, et ton deuil aussi serait un inconvénient. Comme tu étais magnifiquement habillé au mariage de Bessy Gage. Tu " J'avais une grappe de marguerites roses sur le côté de votre bonnet. C'était un excellent mariage ! J'aurais presque épousé moi-même le vieux Sir Philip, pour le bien de Sherleigh . Je dis, Hubert Gage vous a-t-il déjà fait une offre ?"

Margaret rougit, mais l'étonnement la garda silencieuse.

" Tout le monde le dit, " continua Blanche, " et je ne m'étonne pas que vous l'ayez refusé. Je déteste les plus jeunes fils. Maman a voulu que je l'épouse à un moment donné, mais j'ai refusé. Je regrette presque maintenant de l'avoir gardé. ", juste pour piquer quelqu'un d'autre. Aimez-vous les militaires ? »

"Non." dit Marguerite.

"Eh bien, je me le demande", dit Blanche. "Je pense que je pourrais te faire changer d'avis. M'as-tu remarqué par hasard me promener avec un jeune homme, dans le jardin, hier avant le dîner ?"

"Non, j'étais en haut des escaliers ", dit Margaret faiblement.

"Eh bien, si vous parvenez à sortir demain, pensez-vous que vous le pourrez?"

"Non, je suis sûr que je ne pourrais pas."

"C'est dommage, parce que je le rencontre souvent sur la route S.... Vous seriez tellement amusé avec lui. Il a un tel esprit, et je ne devrais pas être jaloux, non, Watkins est tout à moi."

En un autre temps, Marguerite aurait ri de cette déclaration ; maintenant, elle soupira lourdement et se laissa tomber sur sa chaise.

" Vous êtes bien fatigué de ce misérable M. Haveloc ; c'était comme si mon oncle l'admettait. Cependant, Dieu merci, il va directement en Russie et ne vous ennuiera plus. Mais voici mon oncle ; pas un mot sur Watkins, je vous en supplie. Nous gardons cela secret, mais je veillerai à ce que vous soyez sur le chemin la prochaine fois qu'il viendra à la maison.

"Je vais monter les escaliers et m'allonger, s'il vous plaît", dit Margaret en essayant de se lever. "Je ne vais pas très bien."

Blanche aida Margaret à monter les escaliers et elle eut une nouvelle crise de maladie qui la confina de nouveau au lit pendant quelques jours.

CHAPITRE XVIII.

Avec quelle lenteur les heures passent par leurs nombres,
Avec quelle lenteur le temps triste ses plumes bougent !
SPENSER.
Mathilden's Hertz chapeau niemand nuit ergründet —
Doch , grosse Seelen encore
dulden . DON KARLOS.

Mme Somerton avait gentiment proposé, dès qu'elle aurait eu connaissance des détails de la situation de Margaret, de prendre en charge elle et de la traiter comme l'une de ses propres filles.

Mais M. Warde n'a pas saisi la proposition avec l'empressement qu'elle pourrait paraître mériter. Peut-être, pensait-il, que si Margaret n'était pas mieux traitée que les filles de Mme Somerton, sa vie ne serait pas de tout repos ; peut-être craignait-il que la dame ne rachèterait pas scrupuleusement son gage ; en tout cas, il informa résolument sa sœur qu'il avait l'intention de placer Margaret chez une dame qui n'avait pas d'enfants ; car il pensait qu'il serait difficile, voire impossible, à quiconque de régler de manière satisfaisante les réclamations de ses filles et de son invité. Mme Somerton a essayé d'argumenter sur ce point, mais M. Warde a été ferme et a écrit à un ou deux amis pour décrire le genre de maison qu'il souhaitait pour Margaret.

Blanche était tellement occupée avec son ami militaire, son Watkins, comme elle l'appelait, que Margaret la voyait moins qu'auparavant. Elle se promenait dans toutes les directions dans l'espoir de le rencontrer, elle restait chez elle toute la journée, si elle pensait qu'il l'appellerait ; elle se donna beaucoup de mal pour attraper ce que beaucoup de gens auraient jugé ne valant pas la peine d'être attrapé : son Watkins était ignorant, débauché et idiot ; et très heureusement pour Blanche, il se comporta avec elle comme la plupart des autres officiers ; c'est-à-dire qu'il partit un beau matin avec son régiment, sans même dire adieu à sa bien-aimée. Margaret ne savait rien de cet événement pénible lorsqu'elle rejoignit la famille : elle n'avait pas vu Blanche depuis un ou deux jours, et maintenant elle la trouvait allongée sur le canapé, souffrant, comme le lui raconta Mme Somerton, d'une crise de nerfs. "C'est dur pour vous, Mme Somerton," dit Margaret, "d'avoir deux invalides entre vos mains. Je dois me dépêcher et me rétablir pour vous soulager d'une partie de votre charge."

"Je suis sûre, ma chère Miss Capel," dit Mme Somerton, "aucun malade n'a jamais causé aussi peu de problèmes que vous. Je souhaite seulement que Blanche imite votre patience."

Margaret approcha une chaise basse du canapé et prit son ouvrage ; "tu souffres dans ta tête ?" demanda-t-elle à Blanche d'une voix douce.

"Non, pas grand-chose ; je suis heureuse que vous soyez descendu", dit-elle. "Ce sera quelqu'un à qui parler ; c'est un très joli motif pour un col uni. J'aime les clous noirs sur le devant. Est-ce que tu valses ?" Mais ici, le souvenir d'avoir valsé avec le lieutenant Watkins l'envahit et elle devint plutôt hystérique. Mme Somerton l'a grondée, Blanche s'est mise en colère, puis l'ordre a été rétabli. Mme Somerton emmena Margaret à la fenêtre et lui murmura l'état de l'affaire, puis Blanche l'appela, sa mère, et la gronda pour l'avoir dit à Margaret alors qu'elle voulait tout lui dire elle-même. Marguerite, tournant ses yeux pleins d'émerveillement de l'un à l'autre, pouvait à peine comprendre que Blanche souffrait d'une déception ; elle opposait la désolation totale de ses propres sentiments à l'ennui frivole que l'autre semblait endurer et ne pouvait rien comprendre à l'affaire.

Le calme fut de nouveau rétabli. Mme Somerton accomplissait son pire travail. Margaret a marqué en silence. Blanche, allongée sur le canapé , mangeait du chocolat français. Bientôt, Mme Somerton commença à compter à haute voix les points de suture de la grappe de raisin sur laquelle elle travaillait : « trente-six, trente-sept, trente-huit, trente-neuf ».

Un éclat de pleurs de Blanche, plus fort que tout ce que Margaret avait entendu, sauf celui d'un bébé ; Mme Somerton avait par inadvertance donné le numéro du régiment de M. Watkins.

Les nouvelles réprimandes, les nouveaux sanglots et, enfin, un verre de sel volatil, la tranquillisèrent pour le moment.

Il faut avouer que de telles scènes étaient assez fatigantes pour une jeune fille en mauvaise santé et souffrant profondément d'une réalité dont elle n'était que l'ombre.

Elle a cependant appris à accorder une certaine valeur à sa propre maîtrise de soi. Elle ne pouvait s'empêcher de sentir que la douleur effrénée de Blanche perdait en dignité ce qu'elle gagnait en publicité.

Mason savait tout cela ; et il faisait fréquemment allusion à la pauvre Miss Somerton avec pitié ; et à M. Watkins avec toute la violence qu'une femme de chambre est presque sûre de ressentir envers un homme qui a contrecarré une jeune femme dans ses louables efforts pour se marier.

Au bout de deux ou trois jours, Margaret fut heureuse de constater que Blanche pouvait parler de valse sans soupirer ; et sa maman pouvait compter en toute sécurité les fils de trente à quarante sans éveiller aucune réflexion douloureuse.

Mais il s'ensuivit un autre ennui pour la pauvre Margaret. Chaque fois qu'elle était seule avec Blanche, ce qui était la plus grande partie de la journée, M. Watkins était le seul sujet de conversation.

Lorsqu'elle eut entendu parler de ses bottes, et de ses yeux, et de sa manière de découper un poulet, et de son gaspillage en gants (un grand mérite aux yeux de Blanche), elle espéra naturellement qu'ils étaient arrivés au terme de l'aventure. liste; mais il est tout à fait surprenant du nombre de petites anecdotes que ce monsieur a fournies. Il y avait toutes ses plaisanteries à répéter ; et celles-ci étaient tellement stupides qu'elles faisaient vraiment sourire Margaret parfois. Et puis il y a eu plusieurs histoires d'actions malhonnêtes, dont elle était censée rire, mais dont elle ne pouvait pas, par dégoût.

Une fois, il avait accueilli un Juif ; c'était son chef- d'œuvre ; et deux fois il avait trompé un ami dans la vente d'un cheval ; et Blanche pensa que cela augmentait grandement son mérite et sa perte.

Elle commença à pleurer lorsqu'elle parla du dernier vol ; mais elle se reprit bientôt et tourna la conversation sur une pelisse de satin qu'elle allait acheter. En fait, le futur et le passé partageaient son esprit à parts égales. La perte de M. Watkins et la disposition de ses robes pour l'automne.

"Vous savez, la dernière fois que le pauvre Watkins a appelé, il était tellement ivre !" s'écria Blanche. "J'avais peur que mon oncle l'ait remarqué ; mais, heureusement, il n'est entré que quelques minutes ; car Watkins est resté déjeuner. Je n'oublierai jamais sa tentative de découper l'agneau froid."

"Alors c'est pour cela que vous avez rompu avec lui", dit Margaret en hésitant.

" Pitié pour moi, ma chère ! où as-tu été élevée ? " s'écria Blanche en riant. " Quoi ! rompre avec un homme parce qu'il était un peu ivre ? Pas moi, croyez-moi ! "

Margaret trouva beaucoup de choses pour l'étonner chez Miss Somerton ; mais elle fut un peu plus surprise que d'habitude à cette remarque.

Elle pensa au dégoût qu'elle aurait ressenti si elle avait jamais vu M. Haveloc en état d'ébriété. Elle considérait l'attachement de Blanche comme une sorte de phénomène naturel.

M. Watkins a duré environ quinze jours ; pendant ce temps-là, on ne pouvait dire ou faire très peu de choses sans suggérer à Blanche quelque petite anecdote sur ce monsieur ; et comme ces contes tendaient généralement à mettre en évidence soit une déficience, soit un vice positif chez cette personne infidèle ; Mettant parfois en question son orthographe, et parfois sa moralité, Margaret avait souvent envie de tourner le sujet, par honte ; mais

Blanche lui dit que c'était une consolation de parler de lui, et qu'elle ne pouvait raisonnablement lui refuser cette consolation.

A la fin de la quinzaine, Blanche avoua à Mme Somerton que « Watkins » avait le nez rouge. C'était un point fortement contesté entre la mère et la fille depuis quatorze jours ; car Mme Somerton pensait qu'il était de son devoir de déprécier un homme qui n'avait pas fait d'offre à sa fille ; et Blanche le défendit chaleureusement contre une accusation que son talent prononcé pour la boisson rendait au moins probable.

La cause de ce changement fut très vite expliquée. Blanche avait trouvé un autre officier. Elle lui avait été présentée chez un ami et elle réussit très vite à l'amener au Presbytère.

Quand il n'avait rien au monde à faire, c'était assez amusant de flâner un matin en flirtant avec Blanche. C'était pire que l'autre désagrément pour Margaret.

C'était déjà assez pénible d'entendre sans cesse parler de l'amant absent ; mais maintenant, il fallait non seulement entendre parler de lui toute la journée en son absence, mais supporter sa présence au moins trois jours par semaine. Et Blanche insisterait pour que Margaret lui tienne compagnie.

« Ne vous enfuyez pas, ma très chère créature, dit-elle ; "Ça a l'air si étrange ; on dirait vraiment que tu pensais que l'homme voulait me proposer."

Margaret avait commencé à apprécier ses promenades dans le joli jardin et les prairies tranquilles du Presbytère. C'était un mois d'octobre lumineux et frais. Elle était toujours attentive aux beautés du pays ; mais comment pouvait-elle profiter des promenades moussues et des grands arbres bruissants avec la peur constante d'être rejointe par cet ennuyeux M. Compton. Et puis, si elle s'asseyait, Blanche insistait pour s'asseoir aussi. Si elle disait qu'elle avait froid et qu'elle recommençait à marcher, Blanche et son cavalier se levèrent, et tous trois se mirent en marche ensemble.

Et ce M. Compton était affligé des esprits les plus illimités et les plus incultes. Son rire était un cri. Il bondissait dans les airs comme un cerf ; il tombait sur l'herbe pour donner libre cours à sa gaieté ; il parlait sans cesse, et toujours dans les sottises les plus extravagantes. Il pratiquait les danses avec Blanche, pendant que la pauvre Margaret les jouait ; et puis, à chaque erreur, il y avait de nouveaux éclats de rire, qui le faisaient piétiner dans la pièce jusqu'à ce qu'ils se calment.

Margaret le crut d'abord dérangé et eut très peur de lui ; mais elle trouva ensuite qu'il n'était que stupide ; ce qui est une forme de folie beaucoup plus douce. En fait, il était bien plus bête que son prédécesseur ; car avec le temps, Blanche réussit à recevoir sa main et devint Mme Compton, que cela lui plaise ou non ; mais c'était après que Margaret les ait quittés. Peut-être que Margaret l'aurait supporté avec plus de gaieté si elle avait pu prévoir la fin de ses visites. Il eût été cruel, en effet, de murmurer sur les heures ennuyeuses qu'il passait au Presbytère, qui étaient une source de joies si intenses pour Blanche et de calculs si confortables pour sa mère.

"Il n'a pas d'yeux !" s'écria Blanche alors que la porte se refermait sur lui après une valse de deux heures.

Margaret (qui avait officié comme pianiste à cette époque) a admis qu'il possédait cette caractéristique au pluriel et s'est agenouillée devant le feu pour se réchauffer les mains.

« Je me suis assuré, » dit Mme Somerton, levant les yeux de son mauvais travail, « qu'il *est* le fils de M. Compton du Lincolnshire — le deuxième fils, il est vrai, mais je comprends que les biens de la mère lui appartiennent ; si tel est le cas, cela peut le faire, mais j'écrirai à Mme Stacey, elle sait tout sur les Compton . Vous savez qu'il a mentionné Mme Stacey comme ayant séjourné chez son père.

— Je sais, dit Blanche, et comme il s'est moqué de son turban de gaze bleue ! Je pensais qu'il serait mort.

Margaret aussi ; mais elle n'envisageait pas cet événement avec le désarroi qu'il pouvait éveiller dans l'esprit de Blanche.

"Seulement", continua Mme Somerton, "n'allez pas trop loin jusqu'à ce que nous ayons des nouvelles de Mme Stacey ; il n'a peut-être rien."

- J'ose dire, rétorqua Blanche, j'irai aussi loin que je veux. Je sais qu'il a des biens, et je me fiche qu'ils viennent de sa mère ou de la lune. Il disait hier, qu'est-ce que c'est ? C'était l'année où il était devenu majeur. Ne sais-tu pas, Margaret, comme il riait de la majorité de son frère aîné d'abord, puis de sa majorité ensuite , et en disant que ce n'était pas dans toutes les familles où naissent deux frères. " Bien sûr , personne ne devient majeur s'il n'a rien à gagner. "

"Certes, il y a quelque chose là-dedans", dit Mme Somerton, reprenant son mauvais travail : tandis que Margaret devenait possédée du fait intéressant, que le temps suspend ses opérations en faveur seulement de ces messieurs et dames désespérés, qui n'ont aucun moyen de soudoyer. son retard ; et en réalité, ils devraient avoir quelque chose pour compenser une poche vide.

Mais M. Compton était d'une grande utilité pour Margaret, même si elle aurait pu être disposée à le permettre. S'il ne venait pas, Blanche l'attendait toute la matinée ; chaque cavalier, chaque cabriolet qui passait sur la grande route pouvait être l' invité recherché . Une large allée de gravier, au bout du jardin, offrait une vue sur la grande route, et c'est là que Blanche se dirigeait et flânait depuis le petit déjeuner jusqu'au déjeuner. " Là ! c'est *Compton* ... j'en suis sûr, ma chère, je le connais à un mile de distance ; d'ailleurs, son cheval, il monte un bai, n'est-ce pas ? "

"Je ne me souviens pas. Oui, je pense que c'était une baie quand vous m'avez emmené la voir", a déclaré Margaret.

"Eh bien, à moins qu'il ne monte le noir, il a un très beau cheval noir, qui, à son avis, porterait une dame", dit Blanche en regardant son compagnon de côté.

"Mais ce n'est pas M. Compton, c'est le boucher", dit Margaret avec un sentiment de satisfaction.

" Oh ! c'est vrai, c'est vrai. Je suis plutôt myope. À propos, je crois qu'il a dit qu'il devrait être de service aujourd'hui. A-t-il dit aujourd'hui ou demain ? "

"Je ne l'ai pas entendu", a déclaré Margaret.

"Je pense que c'était aujourd'hui ; je suis sûr que j'aurais aimé qu'il n'ait jamais eu de devoir !" dit Blanche avec un soupir. "Il a très peu, je pense", a déclaré Margaret.

" Il fait tout ce qu'il peut, soyez-en sûr, " dit Blanche, " là... qui est dans ce cabriolet. Seulement Charles Hollingsworth, je crois ! Le plus ennuyeux d'Angleterre ; parfois il fait semblant d'être malade, et part à la chasse. »

"Qui, M. Hollingsworth ?" » dit Margaret, tout à fait embarrassée de savoir pourquoi il se donnerait cette peine.

"Non... Compton... il est vraiment là ; allons à la porte et rencontrons-le."

Puis, quand il arriva, il n'y eut que tumulte et confusion pendant quelques heures ; L'esprit de Blanche s'excitait facilement, et à force de rire, de valser, de courir dans le jardin après ses chiens, de jeter les prunes des arbres, de courir et de se jeter les unes sur les autres, elle devenait aussi bruyante que son amant. Mme Somerton les regardait, les grondant tous les deux avec douceur et enjouement ; c'était toute une photo de famille. Toutes ces clameurs n'amusaient pas beaucoup Margaret, mais elles l'éloignaient insensiblement d'elle-même, elle s'intéressait même au jeu. Elle spéculait sur les chances de succès de Blanche. Son enjeu n'était pas assez profond pour en faire un sujet d'anxiété douloureuse. Elle aurait regretté M. Compton, tout autant qu'elle avait regretté M. Watkins ; peut-être quelques jours de plus, car il était décidément le plus attirant des deux. Il n'avait pas le nez rouge, il ne buvait pas, il était seulement insensé, extravagant et très bruyant. Il traitait Marguerite avec ce mépris total pour les courtoisies habituelles offertes dans le monde à une dame, qu'on peut observer chez les jeunes hommes, surtout chez les officiers, lorsqu'ils sont occupés par une autre femme : mais cela ne lui causait ni inquiétude ni déplaisir. Elle avait observé depuis longtemps que sa tête n'était pas capable de contenir plus d'une idée à la fois, et comme Blanche était son idée à présent, il était peu probable qu'il se souvienne d'ouvrir la porte à Margaret ou de poser son thé. -tasse.

Mais elle commença à regarder avec inquiétude vers un foyer plus stable : la société ici n'était pas à son goût. Elle voyait très peu M. Warde et n'était pas autorisée à passer son temps dans sa bibliothèque ; elle a toujours voulu être présente avec Blanche et M. Compton. Elle avait envie de calme, d'étude ; pour une vie qui devrait remplacer celle qu'elle avait perdue.

CHAPITRE XIX.

Ne supportez plus de peser
La honte et l'angoisse du mauvais jour Sagement oublieux ! Au-dessus de la
houle de l'océan, Sublime de l'Espoir, je cherche le vallon
où la vertu peut s'égarer avec calme et pas insouciant ;
COLERIDGE.

Margaret fut réconfortée pendant cet intervalle fastidieux par plusieurs lettres très aimables de Lady d'Eyncourt . Dès qu'elle a appris la mort de M. Grey, elle a écrit à Margaret une lettre pleine de profonde émotion et de sympathie. Elle a dit qu'à son retour en Angleterre, elle comptait sur Margaret s'installant à Sherleigh , à moins qu'avant cette date elle ne soit installée dans sa propre maison. Elle était plus heureuse que la plupart des femmes mariées ne peuvent l'espérer, car elle n'était pas séparée de son père. Le capitaine Gage était maintenant à Paris, avec les d'Eyncourt , et il avait accepté de voyager avec eux, tant qu'ils resteraient sur le continent. Elizabeth mentionna dans une de ces lettres que son frère Hubert avait navigué pour l'Amérique du Sud, et que son père était très heureux de le faire sortir du pays ; mais il était évident qu'elle ne savait pas qui avait influencé sa décision.

Margaret fut réconfortée par cette nouvelle. Elle aurait redouté de le revoir, au moins pendant quelque temps encore ; et elle était heureuse de constater qu'elle avait pu faire du bien grâce à ses conseils.

Un matin, M. Warde a supplié Margaret de venir dans sa bibliothèque car il souhaitait lui parler pour affaires. Blanche et M. Compton jouaient au volant et au volant, et elle ne regrettait pas d'échapper pendant quelques minutes à leur bruyante jouissance. M. Warde lui dit alors qu'il avait fait plusieurs recherches pour une telle maison qu'il pensait pouvoir plaire à Margaret ; qu'il avait eu assez de mal à en rencontrer un qui soit satisfaisant à tous égards. Mais il venait de recevoir une lettre de son ami, M. Fletcher, qui, selon lui, méritait d'être réfléchie. M. Fletcher, si elle s'en souvenait, était l'ecclésiastique auquel il s'était adressé lorsque son oncle désirait prendre une maison au bord de la mer.

Oui; Margaret se souvenait du nom. Elle respirait court ; un de ces sentiments qu'on appelle pressentiments l'envahit. Elle savait parfaitement ce qui allait arriver.

« Il semble, » continua M. Warde , en jetant un coup d'œil à la lettre, « qu'une dame de son quartier a récemment perdu une fille unique, et qu'elle a été fortement encouragée à recevoir un détenu dans sa maison ; elle est très opposée à un compagnon. dans le sens habituel du terme, mais après que M. Fletcher lui ait indiqué le genre de maison que je désirais obtenir pour vous, elle a semblé disposée à vous recevoir. Vous connaissez le quartier et vous aimez les beaux paysages, mais je Je dois vous prévenir que cette dame vit absolument sans société. Elle a de très bonnes relations, mais elle s'est retirée du monde.

Le monde – dont sa courte expérience avait été si amère. C'était en effet une incitation ; et la mère d'Aveline – il y avait chez elle une sorte de charme étrange dans cette idée.

"Je pense que ça me plairait", balbutia-t-elle.

"Cette dame est une femme hautement cultivée et intellectuelle", a déclaré M. Warde , "et je pense que vous apprécierez l'avantage de sa conversation ; aucune leçon n'est d'un plus grand bénéfice pour une jeune personne, comme un rapport constant avec un esprit supérieur. Et ses principes sont tels que vous savez les valoriser et les respecter."

"Laissez-moi aller vers elle", dit Margaret.

"Peux-tu te décider à la solitude ?" » a demandé M. Warde . "Oh ! oui... oui."

"Alors j'écrirai à Mme Fitzpatrick et je conclurai l'arrangement."

"Est-il possible?" s'écria Blanche, lorsque Marguerite lui répéta ce qui avait été décidé. "Je me demande à quoi, selon mon oncle, les femmes sont destinées, c'est-à-dire les jolies femmes. Bien sûr, les femmes laides devraient être enterrées vivantes. Mais l'idée de vous envoyer dans un désert comme celui-là. Oh ! ça vous plaît ? Don "Ne me dis pas... je ne te croirai pas ; comment vas-tu te marier, j'aimerais le savoir ?"

"Mais je n'ai pas l'intention de me marier", a déclaré Margaret. "J'ai l'intention de rester célibataire."

"Tu ne veux pas... oh ! je comprends", répondit Blanche. "Beaucoup de filles le disent; mais je pense toujours qu'il vaut mieux ne pas le faire, de peur que les hommes ne vous prennent au mot."

"Je souhaite être pris au mot", dit doucement Margaret.

" Il semblerait donc vraiment, " dit Blanche, " vu la souffrance que vous avez, mon oncle, de disposer de vous de cette façon. Oh ! je voulais vous le dire ; mon oncle commence à trouver étrange que Compton vienne autant ici. Je crois il avait peur que vous soyez son attirance, et c'est son affaire de veiller soigneusement à votre argent, vous savez.

Margaret ne put réprimer un sentiment de dégoût, mais elle essaya de donner l'impression que les assiduités de M. Compton ne lui seraient pas très offensantes. continua Blanche.

« Je lui ai vite donné raison sur ce point, puis il a demandé à maman si elle était tout à fait sûre des principes de M. Compton. Il a dit qu'il espérait n'avoir aucun préjugé particulier contre l'armée, mais il pensait que leur manière de vivre était rarement de manière à leur gagner beaucoup de respect dans n'importe quel quartier où ils pourraient être cantonnés. Comme j'ai ri !

"Mais ne pensez-vous donc pas que les principes aient quelque importance ?" demanda Marguerite.

"Non, ma chère, bien sûr que non", répondit Blanche. "Je trouve Compton très beau, et s'il était catholique, cela ne ferait aucune différence pour moi."

Margaret ne trouva pas utile d'expliquer qu'un catholique romain pouvait avoir des principes religieux élevés, et un protestant aucun, et elle garda donc le silence.

" J'ai parlé des principes à Compton, " continua Blanche, " et vous auriez dû entendre comment il riait ; je pensais qu'il serait mort. "

Cela devait être une crainte répandue parmi les amis de M. Compton chaque fois qu'il les favorisait d'un éclat de rire.

"Cependant", a déclaré Blanche, "Compton m'a dit de calmer l'esprit de mon oncle dès que je le voulais, car il était 'la même religion que tout le monde '. "

La disposition grammaticale de cette phrase était peut-être son moindre charme. Une connaissance si profonde des diverses nuances doctrinales qui agitaient alors le monde a dû être très réconfortante pour les sentiments de M. Warde .

"Et," dit Blanche, "même Compton dit que c'est une grande honte que vous soyez banni dans cet endroit stupide du comté de... Car il dit que vous êtes extrêmement jolie, mais trop calme à son goût. Cela ne vous dérange pas. , J'espère?" ajouta Blanche, craignant que ces derniers mots ne fussent un coup trop dur.

Non. Margaret pensait qu'elle parviendrait à survivre à cette expression des opinions de M. Compton, comme plusieurs autres, dont il lui avait fait part de temps en temps ; et dont le plus frappant était peut-être qu '«il détestait le noir et pensait que c'était une honte pour les femmes de le porter». Et lorsqu'on lui a rappelé que c'était parfois indispensable, il a alors jugé « dommage que des gens meurent ».

Rien n'a autant rafraîchi Margaret qu'une lettre d'Elizabeth. Elle semblait entrer en contact avec un autre état d'esprit. Elizabeth n'a jamais pensé ni parlé un peu, et si courte ou si générale que puisse être sa lettre, la noblesse de sa nature semblait se retrouver dans l'écriture.

Dans une lettre que Margaret reçut d'elle à cette époque, elle mentionna qu'ils avaient été surpris, à Paris, par une visite éclair de M. Evan Conway. Il était en route vers les Pyrénées ; et avait été déçu par son compagnon de voyage. M. Haveloc s'était arrangé pour l'accompagner et lui envoya soudain une excuse, disant que certains événements récents l'avaient rendu inapte à la société. "Cet hommage à la mémoire de votre oncle, ma chère Margaret, vous plaira sûrement," ajouta Elizabeth. J'ai toujours pensé que le caractère de M. Haveloc n'était pas ordinaire; mais c'est une profondeur de sentiment que nous rencontrons rarement de nos jours. .

"Il est parti seul pour Saint-Pétersbourg, et a laissé bon nombre de mamans anglaises se demander s'il ramènerait à la maison une femme russe."

Elizabeth a ajouté que le reste de la famille Conway était en Allemagne, où il semblait probable qu'ils resteraient quelque temps.

Margaret réfléchit longuement aux renseignements contenus dans cette lettre. Était-ce uniquement le chagrin causé par la perte de son oncle qui avait poussé M. Haveloc à refuser la compagnie de son ami ? Aucun remords pour son mensonge envers elle-même ne se mêlait-il à ses regrets ? A-t-il souffert la moitié de ce qu'elle a enduré ? Elle ne savait rien, elle ne devrait jamais rien savoir de ses sentiments. Ils étaient séparés pour toujours ; et peut-être, comme l'a dit Elizabeth, pourrait-il ramener à la maison une épouse russe.

Cette idée lui coûta bien des larmes, même si elle se répétait sans cesse qu'elle ne s'intéressait plus à son avenir.

M. Warde a reçu une réponse favorable de Mme Fitzpatrick. D'après son récit de Miss Capel, elle se sentait assurée de sa propre satisfaction quant à l'arrangement. Elle craignait seulement qu'une si jeune personne ne se lasse bientôt de la monotonie de sa résidence. Sur ce point, Margaret était optimiste. Elle eut grand plaisir à dire à Mason que le jour de son départ était fixé. Mason leva les yeux ; même Ashdale était meilleur que l'endroit où ils allaient : "mais il ne lui convenait pas de se plaindre."

Margaret a acheté le bracelet le plus coûteux que le bijoutier de S... pouvait fournir en offrande à Blanche avant son départ.

"Acceptez-le comme cadeau de mariage", dit-elle, "j'espère que cela pourra le prouver, si c'est pour votre bonheur."

Blanche était ravie : elle aimait beaucoup les bibelots, et un bracelet de la dernière mode, scintillant de pierres précieuses, et coûtant plus de guinées qu'elle n'en possédait jamais à la fois, suffisait presque à déranger son cerveau. Elle courut de pièce en pièce pour le montrer à tout le monde ; elle l'a mis;

elle l'enleva et l'enferma dans son étui en maroquin . Elle a embrassé Margaret, elle a ri, elle a valsé et a finalement pu répondre à la remarque de Margaret.

" Chère créature, c'est la chose la plus gentille que vous puissiez dire ! Un cadeau de mariage ! Oui ! Je le croirai ; il n'a rien dit, mais je comprends ce qu'il veut dire. Avez-vous déjà observé son nez de profil ? "

Margaret avait simplement remarqué qu'il y avait quelque chose d'élégant dans la netteté de ses traits qui semblait en désaccord avec l'ignorance excessive de son esprit ; mais elle s'est abstenue de donner un exposé aussi franc des faits. Elle a simplement dit qu'elle était prête à tenir pour acquis que M. Compton brillait à ce poste.

Il arriva que la veille de son départ d' Ashdale , elle se trouvait dans sa propre chambre, surplombant Mason, qui mettait la touche finale à ses bagages, lorsqu'elle aperçut Mme Somerton et M. Compton marchant ensemble dans l'avenue qui ombrageait un côté de la rue. le jardin.

Mme Somerton semblait très sérieuse ; M. Compton était très embarrassé. Parfois, il se soulageait en essayant de mordre sa canne ; parfois il s'accrochait aux quelques feuilles qui pendaient aux branches au-dessus de lui. Il avait l'air maladroit . Mais soudain, Mme Somerton s'arrêta net et lui serra la main avec ferveur, et ils se dirigèrent ensemble vers la maison.

Margaret partit trop tôt le lendemain matin pour avoir l'occasion de savoir si Mme Somerton avait réussi à amener M. Compton à se confesser, lors de cette soirée mémorable ; mais environ deux mois après, elle reçut deux cartes reliées ensemble avec une torsion d'argent et portant les noms de M. et Mme Compton, ce qui lui fit croire qu'elle avait été témoin par hasard de la crise de l'affaire.

C'était un misérable jour d'automne qu'elle partit pour sa nouvelle maison. Tout le beau temps semblait avoir disparu d'un coup. Il faisait froid et il y avait du vent et la pluie tombait régulièrement. Margaret était heureuse de la compagnie de Mason dans la voiture. Elle essayait de ne pas penser au passé ou au futur – elle essayait d'oublier sa première venue à Ashdale , il n'y avait pas un an ; de cette solitude à laquelle elle avait été amenée à s'attendre ; et de toute la vie des événements qu'elle avait vécus au cours de ces mois. Certaines de ces situations ne pourraient plus jamais se reproduire, pensa-t-elle. Elle ne pourrait jamais perdre un autre proche. M. Gray était le dernier qu'elle possédait. Elle ne pourrait plus jamais aimer et ne pourrait donc plus jamais être trompée. Quoi qu'il arrive, pensait-elle, l'avenir serait plus tranquille que le passé. Pourtant, elle attendait avec une grande anxiété son premier entretien avec Mme Fitzpatrick. Sa timidité revint avec plus de force que jamais ; elle redoutait la fin de son voyage ; et son cœur s'arrêta d'effroi quand l'ouverture des portes et les aboiements des chiens l'avertirent qu'elle était arrivée à la chaumière.

Elle aperçut une grande silhouette en noir debout sur le seuil, belle, pâle, comme Lady Constance avant sa distraction. C'était son hôtesse, venue l'accueillir sur le seuil : cette coutume pittoresque mais désuète.

"Je crains, ma chère, que votre journée de voyage ait été très difficile ", dit Mme Fitzpatrick en la conduisant au salon.

Il n'y avait rien dans les mots, mais la voix sembla dissiper ses craintes en un instant. Elle leva les yeux avec un sourire, même si ses yeux étaient remplis de larmes.

Mme Fitzpatrick trouvait aussi difficile de rester calme que Margaret, mais elles avaient toutes deux appris la dure tâche de la maîtrise de soi.

"C'était triste", a déclaré Margaret. "Le feu est très agréable."

Elle s'assit et regarda le salon. Les rideaux étaient tirés devant la fenêtre où elle avait vu Aveline le dernier soir de sa vie. Il y avait le canapé sur lequel elle était allongée ; elle se souvint du geste de M. Haveloc , se détournant d'elle pour soulever l'un des oreillers.

Elle frémit.

Mme Fitzpatrick était assise à table et était en train de préparer le thé. Elle était extrêmement pâle, et ses sourcils noirs donnaient presque un air de sévérité à son visage, sauf lorsqu'elle souriait.

"Encore froid?" dit-elle en se retournant avec un de ces beaux sourires ; "Vous n'aurez vraiment chaud que lorsque vous aurez pris du thé. Veux-tu venir à table ou dois-je te l'apporter ?"

Margaret déposa son bonnet et approcha une chaise de la table. Mme Fitzpatrick fut extrêmement frappée par sa beauté et par la grâce de son action, particulièrement par cet éclat exquis de son teint, qui résulte moins de la blancheur que de la texture particulière de la peau. Un poète l'a comparé à "le faible rayonnement flottant autour d'une perle".

Ils se séparèrent pour la nuit, très contents l'un de l'autre. Et nos premières impressions nous sont rarement fausses, si nous prenons soin de ne pas les raisonner. La raison et l'imagination sont de bons guides séparés ; mais je ne sais pas comment c'est, ils ne travaillent jamais bien ensemble. Mais Margaret n'essaya pas de philosopher sur le sujet. Elle posa la tête sur son oreiller avec la vague mais délicieuse conscience qu'elle avait enfin trouvé une maison tranquille.

FIN DU VOL. II.

www.ingramcontent.com/pod-product-compliance
Lightning Source LLC
LaVergne TN
LVHW041659190726
843493LV00007B/1867